# 零基础学出纳

◎牛账网 主编

中国商业出版社

**图书在版编目（CIP）数据**

零基础学出纳 / 牛账网主编. —北京：中国商业出版社，2022.8
ISBN 978-7-5208-2153-7

Ⅰ. ①零…　Ⅱ. ①牛…　Ⅲ. ①出纳—基本知识　Ⅳ. ①F233

中国版本图书馆CIP数据核字（2022）第142413号

责任编辑：滕　耘

中国商业出版社出版发行
（www.zgsycb.com　100053　北京广安门内报国寺1号）
总编室：010-63180647　编辑室：010-83118925
发行部：010-83120835/8286
新华书店经销
天津中印联印务有限公司印刷
*
787毫米×1092毫米　16开　12.75印张　220千字
2022年8月第1版　2022年8月第1次印刷
定价：69.00元
* * * *
（如有印装质量问题可更换）

# 前言

出纳工作是财务工作的基础，是每个单位不可或缺的一个重要岗位。本书将逐一梳理快速胜任出纳岗位工作所需要具备的职业素养、掌握的基本技能以及出纳的核心业务等内容，为出纳新手或即将走上出纳岗位的人员量身打造。本书本着学以致用的原则，聚焦实务中的核心问题，对出纳知识进行逐一讲解，从而做到即学即用，帮助读者在尽可能短的时间内掌握相关知识和技能。

本书以新版企业会计准则和国家新颁布的财务制度、法律法规为依据进行编写，同时对传统内容进行了升级。力求图文并茂、通俗易懂，为读者打造出一份有趣、精练、实用的学习资料。本书实用性强、针对性高，对出纳新手十分有用。希望本书的出版能帮助读者解决出纳工作中遇到的问题。只有理论指导实践，实践优化理论，结合实际工作去思考、去顿悟，做到与相关知识融会贯通的出纳人员，才能更好地提高工作效率。

虽然我们竭尽全力用心编写此书，但由于水平与时间有限，错漏之处在所难免，希望各位读者批评指正。如有疑问，请发邮件至 admin@niuacc.com，我们一定竭诚为您解答。

编者

2022 年 6 月

# 目录 CONTENTS

## 1 CHAPTER 第一章 认识出纳



## 2 CHAPTER 第二章 出纳必备的业务技能

3
CHAPTER

## 第三章
## 出纳必备的会计基础知识



4
CHAPTER

## 第四章
## 出纳核心业务——现金管理和收支业务



5
CHAPTER

## 第五章
## 出纳核心业务——银行账户管理

6
CHAPTER

## 第六章 出纳核心业务——银行结算业务



7
CHAPTER

## 第七章 移动支付



8
CHAPTER

## 第八章 五彩缤纷的出纳实训营

CHAPTER 1



# 第一章 认识出纳

所谓出纳，顾名思义，“出”是指支出、付出，而“纳”是指收入。出纳的主要工作是管理资金，负责资金的收入与支出。而资金不仅是指货币，还包括各种票据，如支票、发票、承兑汇票、有价证券等。因此，具体来讲，出纳工作就是管理货币及与货币相关的所有票据、有价证券的进和出的一项工作。

出纳，作为会计名词，运用在不同场合有着不同含义。从会计角度讲，“出纳”一词至少有出纳人员、出纳工作两种含义。

## 一、出纳人员的定义

出纳人员是指从事出纳工作的人员，包括广义与狭义两个方面。

广义的出纳人员不仅是指企业财务部门专职的出纳工作者，还包括其他业务部门的收款员、收银员。

事实上，收款员、收银员的工作内容、方法及对其基本素质的要求，与财务部门的专职出纳工作者有很多相同之处。例如，收款员、收银员同样是与资金打交道，他们的主要工作内容也是办理货币资金和各种票据的收入，因此也会要求他们必须具备过硬的出纳专业知识、良好的财经法纪意识与职业道德素养。

不同的是，收款员、收银员活跃在日常经济活动的第一线，货币资金和各种票据的收入（主要是货币资金的收入）通常是由他们收取后上交给财务部门的专职出纳人员。他们的工作内容与流程主要是收入→保管→核对→转交，他们一般不参与核算，也就无须设置专门的核算账户。

狭义的出纳则仅指企业财务部门的出纳工作人员。我们在这里主要向大家介绍与讲解的是狭义的出纳人员的工作内容。

## 二、出纳工作的类型

每个企业的规模大小、所处行业、主营业务等存在一定的差别，这就决定了出纳的具体工作也有一定的差异。常见的出纳工作大致可归纳为以下三种类型。

### （一）全能型

其工作内容一般包括对企业所有货币资金、票据、有价证券的管理，涉及所有业务处理和与其他各部门的沟通。此类型的出纳工作主要存在于规模较小的企业中，具体的出纳工作通常是由老板亲自负责或者由其指派的比较信任的人员负责。

### （二）专业型

其工作内容主要是在企业中承担部分出纳工作。例如，在某一子公司负责收款，在某一子公司负责付款，或在某一利润中心负责收款、付款工作。此类型的出纳工作主要是在业务发生频率相对较高的大型集团公司、跨国公司中出现。

### （三）层级型

此类型的出纳工作主要存在于涉及很多分公司、分点、分校、分店、办事处等的企业，如连锁店、餐饮店、学校、酒店等。

## 三、出纳工作的特点

任何工作都有其自身的特点和规律，出纳是会计工作的组成部分，具有一般会计工作的本质属性，但它又是一个专门的岗位、一项专门的技术，因此，具有专门的工作特点。

### （一）社会性

出纳担负着一个单位货币资金的收付、存取任务，而这些任务的完成是置身于整个社会经济活动的大环境之中的，是和整个社会的经济运转相联系的。只要这个单位持续发生经济活动，就必然要求出纳员与之发生经济关系。例如，出纳人员要了解国家有关财会政策法规并参加这方面的学习和培训，出纳人员要经常与银行对接业务。因此，出纳工作具有广泛的社会性。

### （二）专业性

出纳作为财务部门的一个重要岗位，有着专门的操作技术和工作规则。凭证如何填制、日记账如何科学登记，就连保险柜的使用与管理也是很有讲究的。因此，要做好出纳工作，一方面要求从业者要经过一定的职业教育；另一方面也需要从业者在实践中不断地积累经验，掌握其工作要领，熟练使用现代化办公工具，做一个合格的财务人员。

### （三）政策性

出纳工作是一项政策性很强的工作，日常工作中的每一项业务都必须依照相关规定进行处理。出纳必须遵循的法律、法规主要包括《中华人民共和国会计法》《现金管理暂行条例》《现金管理暂行条例实施细则》《中国人民银行支付结算办法》《会计基础工作规范》等，这些法律、法规对出纳工作提出了具体规定和要求。出纳人员必须熟悉这些法律、法规，并将其正确运用到日常的经济业务中，真正做到知法、懂法、依法、守法。

### （四）时间性

出纳工作具有很强的时间性，如职工工资的发放、费用报销、核对银行账务及现金收支等，都有严格的、规律性的时间要求。

### （五）烦琐性

企业资金流动性越强，出纳的工作就越烦琐。出纳人员需要频繁地收取与支付资金、登记现金和银行日记账、往返于企业与银行之间、办理网上银行业务、打印银行回单、领购各种票据等，并且每日必须结出现金日记账余额、清点并核对库存现金，每月末结出银行存款日记账余额、打印银行对账单、核对账户余额等，以保证企业经营活动有序进行。

## 四、出纳工作的职能及工作内容

出纳工作是财会工作的一个重要组成部分，从总的方面来讲，其职能可概括为收付、反映、监督和管理四个方面。

### （一）收付职能

出纳工作最基本的职能是收付职能。企业经营活动少不了货物价款、往来款项的收付，也少不了各种有价证券以及金融业务往来的办理。这些业务往来的现金、票据和金融证券的收付和办理，以及银行存款收付业务的办理，都必须经过出纳人员之手。

### （二）反映职能

出纳要利用统一的货币计量单位，通过其特有的现金与银行存款日记账、有价证券的各种明细分类账，对本单位的货币资金和有价证券进行详细的记录与核算，以便为经济管理和投资决策提供所需的完整、系统的经济信息。因此，反映职能是出纳工作的主要职能之一。



### （三）监督职能

出纳要对企业的各种经济业务，特别是货币资金收付业务的合法性、合理性和有效性进行全过程的监督。

### （四）管理职能

出纳工作还有一个重要的职能是管理职能。对货币资金与有价证券进行保管，对银行存款和各种票据进行管理，对企业资金使用效益进行分析研究，为企业投资决策提供金融信息，甚至直接参与企业的方案评估、投资效益预测分析等都是出纳的职责所在。

鉴于出纳工作的职能，出纳人员的工作内容和任务主要包括货币资金核算、往来结算、工资核算、货币资金收付监督、预算完成情况统计等。具体如表 1-1 所示。

**表1–1　出纳人员的工作内容**

| 工作类别 | 工作内容 |
|---|---|
| 货币资金核算 | ①做好现金收付的核算；<br>②做好银行存款的收付核算；<br>③认真登记日记账，保证日清月结；<br>④保管库存现金、有价证券；<br>⑤保管有关印章，登记、注销支票使用情况；<br>⑥复核收入凭证，办理业务结算 |
| 往来结算 | ①办理往来结算，建立清算制度；<br>②管理企业的备用金；<br>③核算其他往来款项，防止坏账损失 |
| 工资核算 | ①执行工资计划，监督工资使用；<br>②审核工资单据，发放工资奖金；<br>③负责工资核算，提供工资数据 |
| 货币资金收付监督 | 依据国家有关的法律法规和企业的规章制度，在维护财经纪律、执行会计制度的工作权限内，坚决抵制不合法的收支和弄虚作假的行为 |
| 预算完成情况统计 | ①依据分解好的预算目标，统计资金收付完成情况；<br>②核算预算完成情况，并进行反馈提醒 |

## 五、出纳工作的原则

出纳工作的基本原则主要是内部牵制原则，也就是我们通常提到的“钱账分管”原则。



### （一）什么是钱账分管

《中华人民共和国会计法》第三十七条规定，会计机构内部应当建立稽核制度，出纳人员不得兼任稽核、会计档案保管和收入、支出、费用、债权债务账目的登记工作。这项法律条款讲的就是钱账分管。从该条款中可以明确，钱账分管的实质就是凡涉及款项和财物收付、结算及登记的任何一项工作，必须由两人或两人以上分工办理，起到相互监督、相互制约的作用。

### （二）不相容职务分离的重要性

《内部会计控制规范》中提出了不相容职务分离，即出纳和会计是两个不相容职务，分离的主要目的是加强财务部相关岗位的相互制约、相互监督及相互核对，提高会计核算质量，避免可能的工作失误并防止舞弊行为。

出纳人员专门从事货币资金收付经济业务。根据复式记账原则，每发生一笔货币资金收付经济业务，必然引起收入、费用或债权债务等账簿记录的变化，即每发生一笔货币资金收付经济业务都要登记收入、费用或债权债务等有关账簿，如果这些账簿的登记工作都是由出纳人员一人负责，就会给贪污舞弊行为以可乘之机。因此，在企业财务管理过程中，分离不相容的职务是非常重要的。

### （三）不相容职务分离的内容

不相容职务分离的具体内容包括以下几个方面。

（1）货币资金的收付及保管应由被授权的专职出纳人员负责，其他人员不得接触。

（2）出纳人员不能同时负责总分类账的登记工作。

（3）出纳人员不能同时负责非货币资金账户的记账工作。

（4）出纳人员应与货币资金审批人员分离，实施严格的审批制度。

（5）货币资金的收付和控制货币资金收支的专用印章不得由一个人兼管。

（6）出纳人员应与货币资金的稽核人员、会计档案保管员人员分离。

（7）负责货币资金收付的人员应与负责现金清查、盘点的人员和负责与银行对账的人员相分离。

## 六、出纳日常具体工作以及工作流程



出纳最日常的工作就是资金收付、工资发放、印章管理、票据管理等，下面分别介绍每项主要工作相应的流程。

### （一）资金收入

资金收入业务处理的标准化流程具体如表 1-2 所示。

**表1-2　资金收入业务处理的标准化流程**

| 序号 | 流程 | 内容 |
|---|---|---|
| 1 | 清楚收入的金额和来源 | ①确定收款人；<br>②确定应收款金额；<br>③核对相应合同，确定是否按期收款；<br>④核对相关账簿，检查有无漏收的款项，如代垫的款项等 |
| 2 | 清点收入 | ①与经办人当面点清现钞；<br>②银行结算收入由出纳人员与银行相互核对（须取得银行有关的收据凭证后，方可正式确认收入，进行账务处理）；<br>③清点核对无误后，按规定开具发票或内部使用的收据 |
| 3 | 收入退回 | 如因特殊原因导致收入退回的，如支票印鉴不清、收款单位账号错误等，应由出纳人员及时联系相关经办人员或对方单位，重新办理收款 |
| 4 | 进行相关记录 | 整理原始凭证，编制记账凭证，并登记现金日记账、银行存款日记账 |

### （二）资金支出

资金支出业务处理的标准化流程具体如表 1-3 所示。

**表1-3　资金支出业务处理的标准化流程**

| 序号 | 流程 | 内容 |
|---|---|---|
| 1 | 明确支出的金额和用途 | ①明确收款人；<br>②明确支出的金额；<br>③明确付款用途 |

续表

| 序号 | 流程 | 内容 |
| --- | --- | --- |
| 2 | 审查有关付款审批 | ①检查有关证明人的签章，经办人的付款用途中涉及实物的应当有仓库保管员或实物负责人的签收；涉及差旅费、销售费用等的，应当有证明人或知情人加以证明；<br>②检查有关领导的签字，经办人应持证明手续完备的付款收据，报有关领导审阅并签字；<br>③检查是否经财务部门审核，经办人持有内容完备的付款凭证，报经办会计审核后，才可由出纳办理付款 |
| 3 | 办理付款 | ①现金付款的，双方应当面点清，若在清点过程中发现短缺、假钞等情况，由出纳人员负责；<br>②银行付款的，开具支票时，出纳人员应认真填写各项内容，保证要素完整、印鉴清晰、书写正确。办理转账或汇款时，出纳人员应书写准确、清晰、完整，保证收款人能按时收到款项 |
| 4 | 付款退回 | ①如因特殊原因造成支票或汇款退回的，出纳人员应当立即查明原因；<br>②如因我方责任引起的，应换开支票或重新汇款，不得借故拖延；<br>③如因对方责任引起的，应由对方重新补办手续方可办理 |

（三）工资发放

在传统模式中，员工工资都是以现金形式发放，但随着科学技术的进步，为确保资金安全、数额保密性，以及操作方便快捷，大部分企业已经改为通过银行发放工资。其流程具体如表 1-4 所示。

**表1-4 银行发放工资的流程**

| 序号 | 流程 | 内容 |
| --- | --- | --- |
| 1 | 签订协议 | 企业与银行签订委托代发工资协议 |
| 2 | 开户 | ①企业按照银行要求提供身份证复印件等相关资料清单；<br>②银行根据清单批量办理开户手续 |
| 3 | 资金划拨 | 企业在约定时间将代发工资划拨至开户行开立的指定账户，并向开户行提供代发清单 |
| 4 | 履约上账 | 银行根据代发清单将实发工资转入职工账户 |
| 5 | 取款 | 工资上账后，职工可以自由办理取款业务 |

### （四）印章和票据管理

企业的各类印章及各种重要空白票据由出纳负责保管。公司的印章主要有企业公章、合同专用章、财务专用章、发票专用章、法人章等，一般财务专用章和发票专用章由出纳会计保管。空白票据主要包括汇票、支票、发票、收据等。

## 七、出纳工作和会计工作的联系与区别

在企业的财务工作中，会计与出纳是互不可缺的职业搭档。法规有规定会计和出纳不能兼任，实务中很多会计都是从出纳做起的。会计工作和出纳工作之间既有紧密的联系，又有明显的区别，具体如表 1-5 所示。

**表 1-5 出纳工作和会计工作的联系与区别**

| 区别与联系 | 内容 |
| --- | --- |
| 分工不同 | 会计：主要负责企业经济业务的核算，通过对企业经济活动的记录，为企业的经济管理和经营决策提供所需要的核算资料。<br>出纳：分管企业票据、货币资金，以及有价证券等的收付、保管、核算工作，为企业经济管理和经营决策提供各种金融信息 |
| 既互相依赖又互相牵制 | 会计：会计核算依赖出纳工作产生的各种数据和凭证，同时对出纳工作进行监督。<br>出纳：出纳的现金和银行存款日记账与会计的现金和银行存款总分类账，金额上具有等量关系。这样，出纳、会计两者之间就构成了相互牵制与控制的关系，二者之间必须相互核对、保持一致 |
| 管理的范围不同 | 会计：主要是管理凭证、账簿等会计资料。<br>出纳：既要管理现金、银行存款，又要管理票据、有价证券等 |
| 对经济活动的参与程度不同 | 会计：只是对企业的经营活动进行记录与监督，一般不直接参与经济活动。<br>出纳：直接参与经济活动的过程，如货物的购销，必须经过两个过程——货物移交和货款的结算，其中货款结算，即货物价款的收入与支付就必须通过出纳工作来完成 |

CHAPTER 2

# 第二章 出纳必备的业务技能



做好出纳工作并不是一件很容易的事，它要求出纳人员具有一定的政策水平、扎实的基本业务能力、严谨细致的工作作风及良好的职业道德。出纳人员的基本素质要求具体如表 2-1 所示。

**表 2-1　出纳人员的基本素质要求**

| 基本素质要求 | 内容 |
|---|---|
| 具有一定的政策水平 | 学习、了解、掌握财经法规和制度，如各种会计制度、现金管理制度及银行结算制度、会计基础工作规范、成本管理条例及费用报销制度、税收管理制度及发票管理办法，还有本单位自己的财务管理规定等 |
| 具有扎实的基本业务能力 | 用电脑、填票据、点钞票等，都需要深度的基本功，都必须具备较快的速度和非常高的准确性，要做到准中求快 |
| 具有严谨细致的工作作风 | 精力集中、有条不紊、严谨细致、沉着冷静 |
| 具有良好的职业道德 | 能依法办事、遵纪守法、严格监督、以身作则，维护法律、法规的尊严，要洁身自好、实事求是、客观公正、注意保守机密、热爱本职工作，要竭力为本单位的中心工作和总体利益服务，坚持原则 |

出纳工作对出纳人员的业务技能熟练度要求很高，必须勤奋练习，才能轻松胜任本职工作。出纳人员应掌握的基本技能如图 2-1 所示。

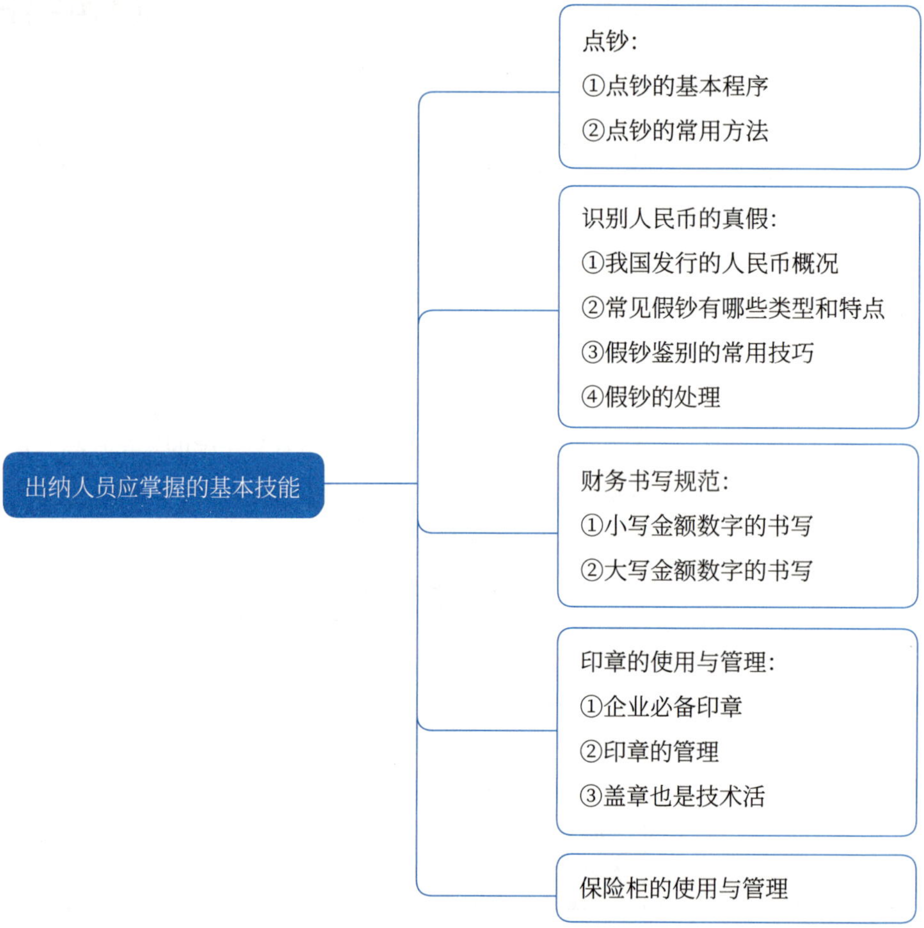


**图2-1　出纳人员应掌握的基本技能**

## 一、点钞

出纳人员几乎每天都会经手大量现金，其主要工作便是管理现金。现金的介质包括纸币与硬币（实际工作中以纸币为主），那么如何“快、准、稳”地点钞呢？一是要求出纳人员必须练就最基本的专业手工点钞技术，二是可以运用点钞机。下面分别介绍点钞的基本流程和点钞的常用方法。

### （一）点钞的基本流程

点钞的基本流程包括以下几个步骤：做好准备工作、进行票币分类、挑拣票币、清点票币数量、计算金额。同时，在进行每个步骤时还应注意一些细节上的问题，具体如表 2-2 所示。

**表 2-2　点钞的基本流程**

| 序号 | 流程 | 内容 |
|---|---|---|
| 1 | 做好准备工作 | 桌面整理干净，不得摆放其他物件。如果有其他现金，应先将其妥善放置，以免清点时混淆 |
| 2 | 进行票币分类 | 按现金介质分类：将纸币与硬币分开码齐；<br>按现金面额分类：介质分类后再分别按照面额分类 |
| 3 | 挑拣票币 | 将有问题的票币挑选出来，分情况处理：<br>断裂的纸币可用白纸条黏合，注意不得使用透明胶粘贴，更不能使用回形针、大头针、订书钉等工具进行处理；<br>破损严重的票币应予以退还，不便退还的应做好书面记录，并由交款人签字确认，再交银行按规定处理；<br>伪钞、假币、停止流通的票币应立即退还或进行作废处理 |
| 4 | 清点票币数量 | 按照票币面额由大到小逐一清点，分别记录数量；<br>采用另一种点钞方法再次清点，两次清点数量一致则表明数量无误，否则应重新清点 |
| 5 | 计算金额 | 分别将面额与数量相乘得出金额，并做好记录，核对无误后将票币妥善存放；<br>向交款人开具收款收据 |

### （二）点钞的常用方法

点钞可分为手工点钞和机器点钞，机器点钞易学易懂，在此不做赘述。目前，机器点完后，出纳人员往往还要用手工再行点验，这就要求出纳人员必须熟练掌握一种或几种手工点钞的方法，刻苦训练，以达到能够既快又准地点验钞票。手工点钞的方法具体如表 2-3 所示。

表 2-3 手工点钞的方法

| 币种 | 点钞方法 | 具体操作 |
|---|---|---|
| 纸币 | 手持式点钞技术 | ①单指单张点钞法。左手中指和无名指夹住钞票一端，食指伸直托住钞票背面，大拇指轻按钞票正面，使钞票呈半扇面形，大拇指尖压在钞票侧面某适当位置。右手大拇指在票面上，食指、中指在票面下，右手大拇指指尖向下捻动钞票，每捻出一张，用右手无名指将其弹拨下来，连续动作，同时用 1、2、3……自然记数法。此法易于识别假币和挑出残票，但较费力费时。<br>②单指多张点钞法。<br>③四指拨动点钞法 |
| | 扇面式点钞法 | 左手持票，把钞票打成一扇面，钞票间隔均匀，右手中指、无名指托住钞票背面，右手大拇指一次按下某一固定张数作为一组，然后用右手食指压住，随后大拇指继续向前按第二次，反复至完成，同时采用分组计数法。此法速度快，但只能确认张数，不能看清票面，不利于清点新、旧、破混合钞票 |
| 硬币 | 工具整点 | 不详细阐述 |
| | 手工整点 | ①拆卷。右手持硬币卷的 1/3 部位，放在待清点包装纸中间，左手撕开硬币包装纸的一头，然后右手大拇指向下从左到右端开包装纸，把纸从卷上面压开后，左手食指平压硬币，右手抽出已压开的包装纸。<br>②点数。按币值由大到小的顺序清点，左手持币，右手拇指和食指分组清点。右手中指从一组中间分开查看，如 1 次点 18 枚为一组，即从中间分开一边 9 枚。分组计数，一组为 1 次，如点 10 枚即记 10 次为一卷叠放在包装纸上。<br>③包装。双手无名指分别顶住硬币两头，用拇指、食指、中指捏住硬币两端，将硬币取出放入已准备好的包装纸 1/2 处，用双手拇指把里半部的包装纸向外掀起掖在硬币底部，再用右手掌心用力向外推卷，后用双手中指、食指、拇指分别将两头包装纸压下均贴至硬币，使硬币两头压三折，包装完毕 |

## 二、识别人民币的真假

### （一）我国发行的人民币概况

从中华人民共和国成立至今，我国共发行过五套人民币。1948 年 12 月 1 日中国人民银行成立时，开始发行第一套人民币；1955 年 3 月 1 日开始发行第二套人民币；1963 年 4 月 15 日开始发行第三套人民币；1987 年 4 月 27 日开始发行第四套人民币。根据中华人民共和国第 268 号国务院令，中国人民银行于 1999 年 10 月 1 日起在全国陆续发行第五套人民币。第五套人民币有 100 元、50 元、20 元、10 元、5 元、1 元、5 角和 1 角八种面额。目前市场上流通的人民币以第五套为主，还有部分第四套人民币。

### （二）常见假钞的类型和特点

企业出纳人员必须具备基本的人民币真假识别知识。假币的类型主要有伪造币和变造币，包括机制、拓印、复印、照相制版、手工描绘、石版、蜡版、油印假币等。其中以电子扫描分色制版印刷的机制假币数量最多，伪造水平最高，危害性最大。常见假钞的类型与特点如图 2-2 所示。

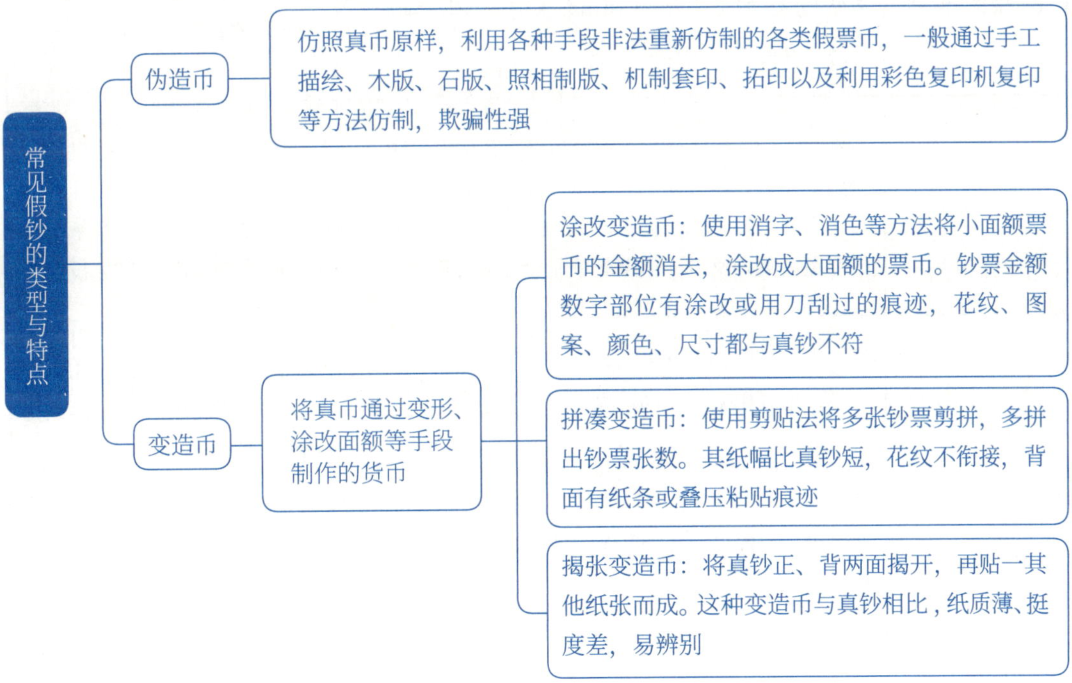


图2-2　常见假钞的类型与特点

### （三）鉴别假钞的常用技巧

对钞票的纸张、水印等防伪特征进行辨别可以鉴别假钞，具体如表 2-4 所示。

**表 2-4 鉴别假钞的常用技巧**

| 鉴别方法 | 真币的特点 | 假币的特点 |
|---|---|---|
| 纸张识别 | 采用专用钞纸，主要成分为棉短绒和高质量木浆，具有耐磨、有韧度、挺括、不易折断等特点，抖动时声音脆响 | 纸张绵软、韧性差、易断裂，抖动时声音发闷 |
| 水印识别 | 分满版和固定水印两种。如现行 1 元、2 元、5 元为人民币满水印暗记，10 元、50 元、100 元人民币为固定人头像水印暗记，其层次分明、立体感强、透光观察清晰 | 水印模糊、无立体感、变形较大，是用浅色油墨加印在纸张正、背面，无须迎光透视就能看到 |
| 凹印技术识别 | 图像层次清晰，色泽鲜艳、浓郁，立体感强，触摸有凹凸感，如 1~10 元人民币在人物、字体、国徽、盲文点处都采用了这一技术 | 图案平淡，手感光滑，花纹图案较模糊，并由网点组成 |
| 荧光识别 | 1990 年版 50 元、100 元人民币分别在正面主图景两侧印有在紫外光下显示纸币面额阿拉伯数字“100”或“50”和汉语拼音“YIBAI”或“WUSHI”的金黄色荧光反应，但整版纸张无任何反应 | 一般没有荧光暗记，个别的虽有荧光暗记但与真币比较，颜色有较大差异，并且纸张会有较明亮的蓝白荧光反应 |
| 安全线识别 | 安全线是立体实物与钞纸融为一体，有凸起的手感 | 一般是印上或画上的，如加入立体实物会出现与票面皱褶分离的现象 |
| 其他 | 还可借助仪器进行检测，可用紫外光、放大镜、磁性等简便仪器对可疑票券进行多种检测 | |

### （四）假钞的处理

出纳人员发现假币或可疑币时应及时妥善处理，具体方法如图 2-3 所示。

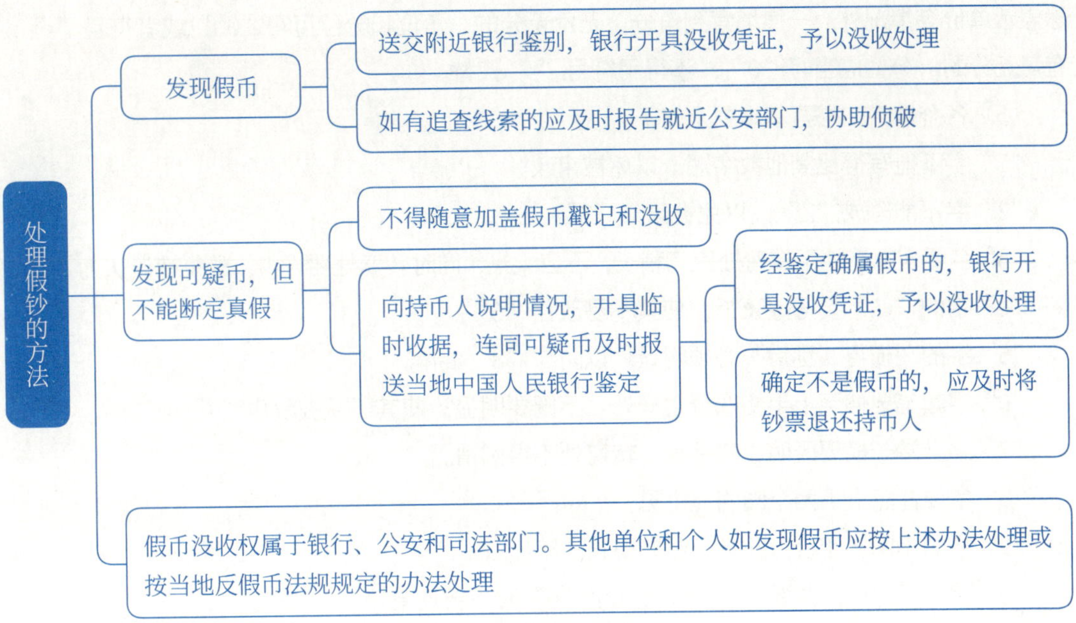


**图2-3　处理假钞的方法**



## 三、财务书写规范

出纳人员要经常性地填制凭证、记账、结账和对账，常常要书写大量的数字，进行规范的财务书写是出纳人员必须掌握的基本功。如果数字书写不正确、不清晰、不符合规范，就会带来很大的麻烦，因此客观上要求出纳人员掌握一定的书写技能，使书写的数字清晰、整洁、正确并符合规范化的要求。

### （一）小写金额数字的书写要求

（1）小写金额是用阿拉伯数字来书写。

（2）阿拉伯数字应当从左到右一个一个地写，不得连笔，具体要求是字迹工整、排列有序且有一定的倾斜度（数字与底线应呈 60°倾斜），并以上端向右倾斜为好；书写的每位数字要紧靠底线但不要顶满格（行），一般每格（行）上方预留 1/2 空格位置，用于以后修订错误记录时使用。

（3）阿拉伯数字前面应当书写货币币种符号或者货币名称简写，币种符号与阿拉伯金额之间不得留有空白。凡阿拉伯数字前写有币种符号的，数字后面不再写货币单位。人民币符号为“¥”。

（4）角、分的书写情况。所有以元为单位（其他货币种类为货币基本单位）的阿拉伯数字，除表示单价等情况外，一律填写到角分；无角无分的，角位和分位可写“00”或者符号“-”；有角无分的，分位应当写“0”，不得用符号“-”代替。

（5）各个数字的书写基本要求如下。

“1”字不能写得比其他数字短，以免被窜改。

“2”字不能写成“Z”，以免被改作“3”。

“3”字要使起笔处至转弯处距离稍长，不应太短，同时转弯处要光滑，避免被误认为“5”。

“4”字的“∠”要写成死折，使其不易改作“6”。

“5”字的短横与“称钩”必须明显，以防与“8”混淆。

“6”字起笔要伸至上半格四分之一处，下圈要明显，使其不易被改作“4”或“8”。

“7”字上端一横要既明显又平直，转弯处不得圆滑。

“8”字要注意上下两个圈明显可见。

“9”字的小圈要闭合，并且一竖要稍长，略出行。

“0”字不要写小，并要闭合，连写几个“0”时不要连笔。



【例题】出纳人员收到现金10 000元，在开具收据填写金额时本应紧贴人民币符号“¥”书写，如应书写为“¥10 000.00”，但是却写成了“¥ 10 000.00”，这样很容易被别有用心之人在符号和数字之间任意添加一个数字，那么账面金额与实收金额就会出现巨大差异。

### （二）大写金额数字的书写要求

（1）大写金额用汉字数字零、壹、贰、叁、肆、伍、陆、柒、捌、玖、拾、佰、仟、万、亿等来书写，且一律要用正楷或行书体书写，不得用零、一、二、三、四、五、六、七、八、九、十、百、千等简化字代替，不得任意自造简化字。

（2）大写金额数字以元或者角为止的，在“元”或者“角”字之后应当写“整”字或“正”字；大写金额数字有分的，“分”字后面不再写“整”或“正”字。

（3）大写金额数字前未印有货币名称的，应当加填货币名称，货币名称与金额数字之间不得留有空白，如“人民币伍佰元整”。

（4）阿拉伯金额数字中间有“0”时，汉字大写金额要写“零”字；阿拉伯数字金额中间连续有几个“0”时，汉字大写金额中可以只写1个“零”字；阿拉伯金额数字元位是“0”，或者数字中间连续有几个“0”、元位也是“0”，但角位不是“0”时，汉字大写金额可以只写1个“零”字。

（5）大写金额中“壹拾×”“壹佰（仟、万）×”的“壹”字，一定不能省略，必须书写。

大写金额书写的常见错误分析如表2-5所示。

表 2-5　大写金额书写的常见错误分析

| 小写金额 | 大写金额 | | 错误原因 |
|---|---|---|---|
| | 正确写法 | 常见错误 | |
| ¥2 200.00 | 人民币贰仟贰佰元整 | 人民币：贰仟贰佰元整 | “人民币”后面多写了 1 个冒号 |
| ¥1 150.50 | 人民币壹仟壹佰伍拾元伍角整 | 人民币壹仟壹佰伍拾元零伍角整 | “伍拾元”后面多写了 1 个“零”字 |
| ¥1 001.50 | 人民币壹仟零壹元伍角整 | 人民币壹仟壹元伍角整 | “壹元”前面漏写了 1 个“零”字 |
| ¥120 000.00 | 人民币壹拾贰万元整 | 人民币拾贰万元整 | “拾贰”前面漏写了 1 个“壹”字 |

【例题】小写金额 ¥16 815.00 元，应写为“人民币壹万陆仟捌佰壹拾伍元整”；小写金额 ¥16 815.30 元，应写为“人民币壹万陆仟捌佰壹拾伍元叁角整”；小写金额 ¥16 815.36 元，应写为“人民币壹万陆仟捌佰壹拾伍元叁角陆分”。

另外，金额写“整”字和写“零”字的规则总结如表 2-6 所示。

表 2-6　金额写“整”字和写“零”字的规则

| 规则 | 小写数字规则 | 大写金额规则 | 示例 | |
|---|---|---|---|---|
| | | | 小写金额 | 大写金额 |
| 写“整”字的规则 | 角位≥ 0，分位 =0 | 金额末尾填写“整”字 | ¥168.00 | 人民币壹佰陆拾捌元整 |
| | | | ¥168.60 | 人民币壹佰陆拾捌元陆角整 |
| | 角位≥ 0，分位＞ 0 | 不写“整”字 | ¥168.08 | 人民币壹佰陆拾捌元零捌分 |
| | | | ¥168.28 | 人民币壹佰陆拾捌元贰角捌分 |
| 写“零”字的规则 | 中间只有 1 个“0”，且不在元位上 | 只写 1 个“零”字 | ¥1 208.00 | 人民币壹仟贰佰零捌元整 |
| | 中间连续是“0”的个数≥ 2 | 连续的“0”处只写 1 个“零”字 | ¥100 608.00 | 人民币壹拾万零陆佰零捌元整 |
| | 中间只有 1 个“0”，且在元位上 | 不写“零”字 | ¥1 880.50 | 人民币壹仟捌佰捌拾元伍角整 |
| | 分位 =0 | 分位处不写“零”字 | ¥1 208.60 | 人民币壹仟贰佰零捌元陆角整 |

## 四、印章的使用与管理

企业印章是企业身份和权力的象征，是企业在日常经营管理活动中行使用职权的重要凭证和工具。只有加盖了企业印章的文件、票据等，才具有法律效力，受到法律保护。当然企业也要同时为文件、票据的内容承担相应的法律责任。企业印章如果被他人盗用、冒用或乱用，很可能给企业带来不必要的麻烦和纠纷，以及难以承担的责任，甚至可能影响企业的正常运转。因此，妥善管理印章对任何一家企业而言都是至关重要的。下面我们就介绍印章的相关知识，包括企业必备印章、出纳分管的相关印章，以及如何管理印章等内容。

### （一）企业必备印章



在实际工作中，开办一家企业通常需要刻制的印章有四个：企业公章、财务专用章、法人章、发票专用章。四个章样式不一（见图 2-4 所示），各具效力和用途，下面分别进行介绍。

企业公章　　财务专用章　　法人章　　发票专用章

**图2-4　企业所需的四种印章示例**

#### 1. 企业公章

企业公章是企业处理内部和外部事务的印鉴。尤其是对外的正式信函、文件、报告等，只要加盖了企业公章就代表着企业行为，同时产生法律效力和法律责任。企业公章是企业印章中效力最高的印章，国家也对企业公章给予了高度重视，对于不同类型企业公章的样式、尺寸、刻制流程等都做出了严格规定。这里介绍有限责任公司的公章样式及规格。

根据相关规定，有限责任公司的公章形状一律为圆形，不得刻制成其他形状。其直径为 4cm，圆边宽为 0.12cm，圆中央印制五角星，圆边内从左向右环绕五角星印制企业的完整名称。税号（或社会统一信用代码）、印章编号可选择刻制。字体必须采用简化宋体字。

#### 2. 财务专用章

财务专用章又称为财务印鉴章，主要用于企业或集团内部的现金、银行收付业务（内部借款、往来结算等）；企业对外的现金、银行收付业务（预留银行印鉴、支票、汇票、业务委托书等）；其他外部业务（如工商部门、银行部门备案等用途）。

财务专用章的形状及尺寸通常有以下三种。

（1）正方形，规格为 22mm×22mm 或 25mm×25mm。

（2）圆形，规格为 38mm×38mm。

（3）椭圆形，规格为 45mm×30mm。

财务专用章必须包括企业全称和“财务专用章”字样，税号（或社会统一信用代码）、印章编号可选择刻制。企业名称的字体采用简化宋体字。

### 3. 发票专用章

发票专用章是使用发票的企业和个人按税务机关规定刻制的印章，专门用于在领购或开具发票时加盖。国家对于发票及发票专用章的使用监管比公章、财务专用章更加严格，除统一规定其形状、总体尺寸外，还对发票专用章中每部分内容的尺寸、字体、距离都做出了具体规定。

（1）形状一律为横式椭圆形，尺寸为长 40mm、高 30mm，椭圆边宽度为 1mm。

（2）印章中央必须刻制 18 位税号（或社会统一信用代码），字体为 Arial，字体尺寸为高 3.7mm、宽 1.3mm，18 位数字（含英文字母）的总体宽度为 26mm。

（3）税号上方环排企业名称的文字为仿宋体，文字高 4.2mm，整体宽度根据企业名称字数多少而不同。文字环排的角度 210°~260°，文字与边线内侧的距离为 0.5mm。

（4）税号下横排“发票专用章”文字为仿宋体，字高 4.6mm、宽 3mm，印章中心线至“发票专用章”字样顶端的距离为 4.2mm。

（5）“发票专用章”文字下横排的编号可选择印制。字体为 Arial，尺寸为字高 2.2mm、宽 1.7mm，印章中心线至下横编号顶端的距离为 10mm。

### 4. 法人章（法定代表人名章）

法人章就是刻有企业法定代表人姓名的印章。它也属于企业印章，在企业经营管理活动中，多与企业公章或企业财务专用章一同使用，一般不会单独使用，如工商备案、银行开户、签订合同时。

法人章的形状一律为正方形，常用尺寸为 20mm×20mm，标准字体为隶书。但是国家对字体没有硬性规定，也可以刻制为其他字体。名字下排一般需要印制印章编号。

以上四种印章中，企业公章、财务专用章、发票专用章的刻制必须经过当地公安局备案，企业法人章虽然没有强制要求备案，但是为了规避风险，建议企业主动向当地公安局申请备案。

除了上述印章外，企业也可根据业务需求，自行定制各类业务用章，如签订合同使用的合同专用章，货品出库使用的送货专用章，收付款使用的“现金收讫”“银行收讫”“现金付讫”“银行付讫”等印章。

### （二）印章的管理

在上述四种重要印章中，企业公章和法人章一般由法定代表人亲自保管，也可以指定其他人员，如财务人员管理，而财务专用章、发票专用章则由财务部负责管理。那么出纳人员如果被指定担任这项工作，应当怎样管理如此重要的印章呢？下面提供几点管理方法。

（1）重要印章必须存放在保险柜里，随取随放，并随时上锁，不得随意放置在办公桌上或抽屉里。

（2）印章不得转交他人，不得私自委托他人代管。如因事离开岗位需移交他人的，可由部门负责人指定专人代为保管，但是必须办理移交手续，并填写印章移交登记表。

（3）为保证资金的绝对安全，财务专用章、法人章等银行预留印章应当由两人以上分别保管，相互监督使用，做到一人无法签发支票、汇票，一人无法提取现金。

（4）使用印章时必须严格遵循印章使用审批程序，按照印章的使用范围，经审批后才可用章，并同时登记。财务专用章、发票专用章、法人章由财务部门按岗位职责权限保管、使用。其中法人章若非本人保管，用章之前应由法定代表人本人签字或被授权管理人签字后方可使用。

（5）严禁员工私自将企业印章带离企业使用。若因工作需要，确实需要将印章带出使用的，须填写携带印章外出申请表，并由分管领导审批、签字确认后方可带出。印章外出期间，借用人只可将印章用于申请事由，并对印章的使用后果承担一切责任。

（6）印章管理人员不得在当事人或委托人所持空白格式化文件、票据上加盖印章。用章文件、票据等必须已经填写完毕、字迹清晰、内容正确。

出纳人员保管印章时还应当注意以下事项。

（1）印章保管须有记录，注明印章名称、颁发部门、枚数、收到日期、启用日期、领取人、保管人、批准人、图样等信息。

（2）如因工作变动，不再保管印章的，应及时上缴，并与新印章管理员办妥交接印章手续，以免贻误工作。

（3）非印章保管人使用印章盖章的，印章保管人与使用人均需承担相应的责任。

（4）印章应及时维护，确保图样清晰、端正。

（5）重要印章保管中如发现异常现象或不慎遗失，管理员应及时向上级报告，同时向有关部门备案并配合查处。

### （三）盖章也是技术活

说到盖章，很多人都会觉得不屑一提，因为盖章太过简单，找好位置，轻轻一摁即可完成，似乎毫无技术含量，人人都会。但是作为一名专业出纳员，却不可轻视这项工作。事实上，在某些工作场景中，对盖章的要求非常严格，如果稍有瑕疵，就会影响工作效率。例如，合同上盖章不够清晰，对方企业不认可，就必须重新印制合同，加盖公章；增值税发票对于盖章的要求更为严格，如果一次盖章不清晰，不得在旁边再次加盖，必须将发票作废后重新开具，再重新盖章。因此，规范盖章也是出纳人员乃至所有财会从业人员必须掌握的“基本功”。下面介绍盖章的基本规范和注意事项。

（1）由于印章具有弹性，因此盖章前通常应在被盖章文件、票据等下面用胶垫、鼠标垫或较厚的笔记本作铺垫。

（2）盖章时首先要注意掌握力度，不可过重或过轻，以保证印章内容清晰、线条流畅。

（3）对于各种制式合同、各类票据（尤其是发票、银行票据）等，务必将印章盖在指定位置。

（4）未指定盖章位置的文件，重要印章一般盖在本企业名称上面。

（5）对于页数较多的重要文件，通常应加盖“骑缝章”。

（6）对于企业内部各部门的普通印章，如“现金收讫”等，也应当固定一处盖章位置，不可随意更换。

（7）盖章时注意印章内容文字排列的方向，不可颠倒方向。

（8）对于要求在数字、金额上盖章的，要特别注意摁压印章时的力度应当稍轻，否则有可能会因油墨较重而遮挡住数字、金额。

（9）如果盖下印章后油墨较多，要注意晾干油墨，否则容易导致印章内容模糊不清。

上述内容中提到了“骑缝章”，一般重要文件、合同等都需要加盖骑缝章。它的作用是可有效防止增减文件页码、挖补或造假，保证文件的完整性。

下面介绍骑缝章的盖章技巧以及注意事项。

（1）盖章时注意要将印章压住边缝。

（2）印章要均匀盖压在两页可折叠纸的中缝之上，一半留作存根，另一半持作凭证。验证时，两半相对，公章应完整合一。

（3）盖下的印章要“骑住”所有缝。即盖完骑缝章后合同的每一页均有红印，并且第一页和最后一页同时盖有文字，而不仅仅是个红圈（仅有红圈也容易造假）。无论是中间还是前后，都不应存在漏页的情况。

（4）合同展后开能够将骑缝章还原成完整的原章，才是合格的骑缝章，才能真正发挥骑缝章的作用。

法律上并未强制规定合同必须加盖骑缝章，只要内容合法，没有骑缝章的合同也是具有法律效力的。但是骑缝章能够有效防范风险，防止对方否定、窜改合同内容，避免引起不必要的纠纷。因此对于重要文件特别是合同，建议应加盖一个骑缝章。

## 五、保险柜的使用与管理

为了保证财产安全，企业通常都会配备专用保险柜，专门用于存放库存现金、有价证券、各种票据、发票、印章及其他重要财物。

保险柜通常分为机械保险柜和电子保险柜。其中，电子保险柜因其使用方便、可定期更换密码、安全性更高等特点，目前应用更为广泛。

保险柜一般由财务负责人授权，由出纳人员负责日常管理、使用。下面介绍保险柜使用和管理过程中的注意事项。

（1）保险柜通常配备两把钥匙，一把由财务负责人保管，以备特殊情况时开启使用；另一把由出纳人员保管，负责日常工作中开启使用。出纳人员不得将保险柜钥匙交由他人代为保管。

（2）一般情况下，财务负责人不得任意开启由出纳人员保管使用的保险柜。如果财务负责人需要对出纳工作进行检查，如核对库存现金限额、核对实际库存现金数额，或在其他特殊情况需要开启保险柜时，应当按照规定程序开启保险柜。

（3）保险柜内存放的现金日记账、银行存款日记账、其他有价证券、银行票据、发票等应按种类造册登记建立台账。

（4）保险柜内财物应分类摆放整齐，保持柜体及财物整洁、卫生。

（5）出纳人员及其他任何人不得将自己的私人物品放入保险柜。

（6）出纳人员对于自己使用的保险柜密码应牢记于心，不宜书面记载，更不得向他人透露。为了提高安全性，应定期更换密码。如果出现工作岗位调动，接手的出纳人员应及时修改保险柜密码。

（7）每次开关保险柜时，应注意回避其他人员，提防开柜密码和柜内财物被他人窥探。

（8）保险柜的报警功能应 24 小时开启。注意定期更换报警器电池，以免失灵。

（9）保险柜应固定放置在财务部门出纳人员的办公场地中靠墙角的位置，一般不宜放置于靠近门口、窗口的位置。

（10）如果保险柜出现故障，应联系公安机关指定的维修点上门维修，以防泄密和失窃。

（11）如果发现保险柜被盗，切勿慌张，应注意保护现场，不要触碰现场任何物品，并禁止其他无关人员进入现场。然后，财务人员应立即报告上级并报警，同时应积极配合侦查。

CHAPTER 3

# 第三章 出纳必备的会计基础知识

## 一、原始凭证

原始凭证也称为单据，是由业务经办人填制或取得的，用以记录具体经济业务的原始单据，是会计核算工作的原始依据及编制记账凭证的主要依据。同时，原始凭证能够明确有关经济责任，规避不必要的经济纠纷，是具有一定法律效力的重要凭证。

### （一）原始凭证的分类和内容

原始凭证主要用途就是作为填制记账凭证的依据，其涵盖范围非常广泛，类别多种多样。虽然按不同的标准可分为不同的类别，但是对内容的要求相对统一。下面分别介绍原始凭证的分类与内容。

#### 1. 原始凭证的分类

原始凭证的分类标准主要有取得来源、格式、填制手续与内容等，具体如表 3-1 所示。

**表 3-1 原始凭证的分类**

| 分类标准 | 原始凭证类别 | 说明 | 列举 |
|---|---|---|---|
| 按取得来源分类 | 外来原始凭证 | 与外来单位发生经济往来事项时取得的凭证 | 飞机票、火车票、汽车票、银行收付款通知单、采购时从供应商处取得的发货清单等 |
| | 自制原始凭证 | 根据在生产经营过程中内部管理的需要，由本单位内部人员填制的凭证 | 收料单、领料单、开工单、成本计算单、出库单、验收入库单、收据、工资表等 |

第三章

续表

| 分类标准 | 原始凭证类别 | 说明 | 列举 |
|---|---|---|---|
| 按格式分类 | 通用凭证 | 由国家相关部门统一印制、格式统一的凭证 | 各种发票、银行收付款回单等 |
| | 专用凭证 | 由单位内部自行印制、仅在本单位内部使用的凭证 | 收料单、领料单、开工单、成本计算单、出库单、验收入库单、制造费用分配单、折旧计算分摊表等 |
| 按填制手续与内容分类 | 一次凭证 | 仅反映一项经济业务或同时记录若干项同类性质经济业务，填制手续是一次完成的原始凭证 | 领料单、收料单、职工借款单、发货单、入库单、制造费用分配表等 |
| | 累计凭证 | 通常是一定时期内连续发生的同类经济业务，填制手续是随着经济业务事项的发生而分次进行的原始凭证 | 限额领料单等 |
| | 汇总凭证 | 通常是一定时期内反映相同经济业务的多张原始凭证，汇总编制而成的自制原始凭证，以集中反映该项经济业务所有发生情况，分析比较经济业务数据 | 工资汇总表、现金收支汇总表、收发料凭证汇总表等 |



2. 原始凭证的内容

虽然原始凭证涵盖范围广泛、种类多样，但是无论是何种原始凭证，要作为记账凭证核算依据，内容上都必须至少包括以下七个要素。

（1）原始凭证的名称。

（2）填制原始凭证的日期和编号。

（3）接受原始凭证的单位名称或个人的名称。

（4）经济业务内容（如货品数量、单价、金额等）。

（5）经济业务内容的补充描述。

（6）填制单位和经办人员的签章。

（7）必要的凭证附件。

### （二）原始凭证的填制与审核

原始凭证是记录、证明经济业务发生的凭据，为了正确地反映和监督各项经济业务，确保会计资料真实、正确和合法，在填制原始凭证时应当按照要求规范填写，在审核环节应当细致、认真地审查核定。

### 1. 原始凭证的填制

为了保证原始凭证能够正确、及时、清晰地反映交易或事项的真实情况，并且能顺利通过后续审核，填制原始凭证必须符合下列基本要求。

（1）内容真实、填写完整。

①业务经办人员必须实事求是地填写经济业务的相关信息，原始凭证填制的日期、业务内容等必须与实际情况完全相符，以确保凭证内容真实可靠。

②原始凭证中所列项目必须逐项填列，使其齐全，不得遗漏和省略。涉及名称的项目要填写完整，不能简化；补充描述业务内容应简明扼要；各环节经办人员的签字应齐备。

③一式两联及以上联次的原始凭证（如收据、发票等）应一次填写完成，且保证每一联次所有内容完全一致，严禁填制“阴阳”票据。

（2）及时填制，按时、按序传递。原始凭证在经济业务发生后应及时填制，并遵照规定的流程按时、按序传递，以便后续的审核和记账工作顺利进行。

（3）手续完备，签章合规。

①自制原始凭证必须有经办人及单位领导人或者其他指定人员的签字或盖章。

②对外开具的原始凭证必须加盖本单位印章。发票统一加盖发票专用章，其他原始凭证通常加盖财务专用章或企业公章。

③从外部单位取得的原始凭证，同样必须盖有填制单位的财务专用章、企业公章或发票专用章。

④从个人处取得的原始凭证，必须有填制人员的签名或盖章。

（4）书写规范，编号连续。

①按照规范要求填制原始凭证，数字清晰、文字工整。

②无论何种凭证，都要连续编号，以便于后期管理、检索。如果在填写过程中出现错误，应画“×”并写“作废”二字或加盖“作废”戳记，妥善保管，不得撕毁。

（5）不得涂改、刮擦、挖补。原始凭证上如果出现文字性错误，应当由出具单位重新开具或画“×”更正，更正处应当加盖出具单位的印章。如果数字及金额出错，则必须由出具单位重新开具，不得在原始凭证上更正。

### 2. 原始凭证的审核

在实际工作中，原始凭证通常由相关经办人员直接填制，而之后对原始凭证进行审核才是财会人员的工作重点。出纳人员对原始凭证进行审核时应关注的要点就是之前介绍的各项填制要求，要逐一审核原始凭证的内容和填制手续是否符合规范，重点审查原始凭证反映的经济业务内容是否真实、合理，是否符合国家政策及企业相关规章制度。

出纳人员在审核过程中若发现填制内容不符合实际情况、手续不完备或书写不规范的原始凭证，应退回经办单位或部门，要求其重新填写或补齐。

对于从外部取得的发票类原始凭证，更应当严格、认真地审核。应当重点关注和审查的内容如下。

（1）正规合法的发票，其名称处都印制有本地区国家税务总局监制的“全国统一发票监制章”。

（2）加盖开票单位发票专用章的发票才可视为有效发票。

（3）开票单位名称、税号（或统一社会信用代码）是否与其发票专用章内容一致。

（4）发票上开具收票单位名称和税号（或统一社会信用代码）是否与本单位名称和税号一致。

（5）开票人是否签名或盖章。

（6）发票的大写、小写金额是否一致。

（7）发票不允许涂改更正，如有错误，必须退回重新开具。

综上所述，原始凭证的审核内容主要包括真实性审核、完整性审核、合法性审核和合理性审核四个方面。



### （三）原始凭证的粘贴与保管、分割

#### 1. 原始凭证的粘贴

在财会领域中，除对原始凭证的填制、审核等方面的工作具有规范性要求外，对于原始凭证的粘贴也有标准的行业性规定。为了确保会计凭证的后期整理和装订工作顺利进行，出纳人员在日常工作中也应当随时注意检查原始凭证的粘贴是否符合规范，以便及时予以纠正。下面介绍原始凭证的粘贴要求和具体方法。

原始凭证粘贴的总体要求是“四边齐、表面平、无凹凸、书本型”，即表面平整，左边和中间无凹凸现象，上下左右各成平面；凭证内部分类清晰、位置到位、排列美观、数量易记。具体粘贴方法如下。

（1）票据类原始凭证。票据类原始凭证通常附于费用报销单后面用以报销费用。如果票据较小（如停车发票、过路发票等），一次要粘贴数张，一般应预先全部粘贴到“原始凭证粘贴单”上，再将粘贴单粘贴在费用报销单后面。粘贴时应按照小票在上、大票在下的要求，或按照金额分类，从右至左呈阶梯状依次粘贴，便于翻阅。应注意最右侧原始凭证应与原始凭证粘贴单齐边，不得越边。如图 3-1 所示原始凭证粘贴示例。

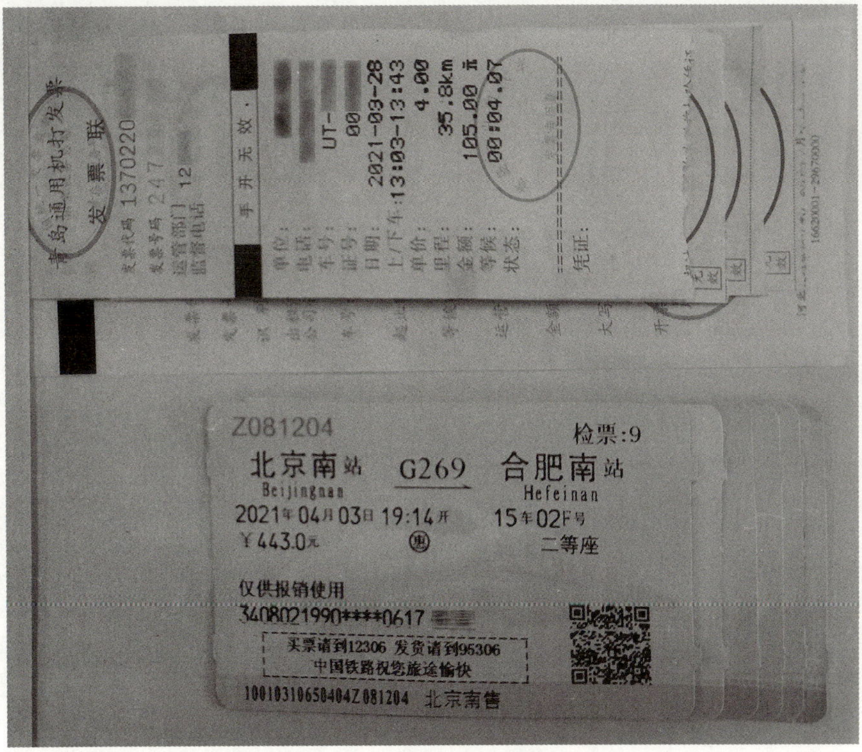


图3-1　原始凭证粘贴示例

（2）大规格原始凭证。在日常工作中，时常需要粘贴规格较大的原始凭证或附件。在粘贴时应当对其先进行分类，不影响主要内容的，可以修剪掉空白或多余部分；不可修剪的，应将原始凭证折叠至与凭证一样大小或较小于记账凭证后再进行粘贴。折叠方法一般是齐左折右或齐上折下，注意不要上下对折，以免装订时将原始凭证下半部分固定住，无法展开。

粘贴的原始凭证必须在粘贴单的装订线内，规格参差不齐的单据，可先裁边整理后或者折叠好后再粘贴。如图 3-2 所示为大规格原始凭证折叠示范。

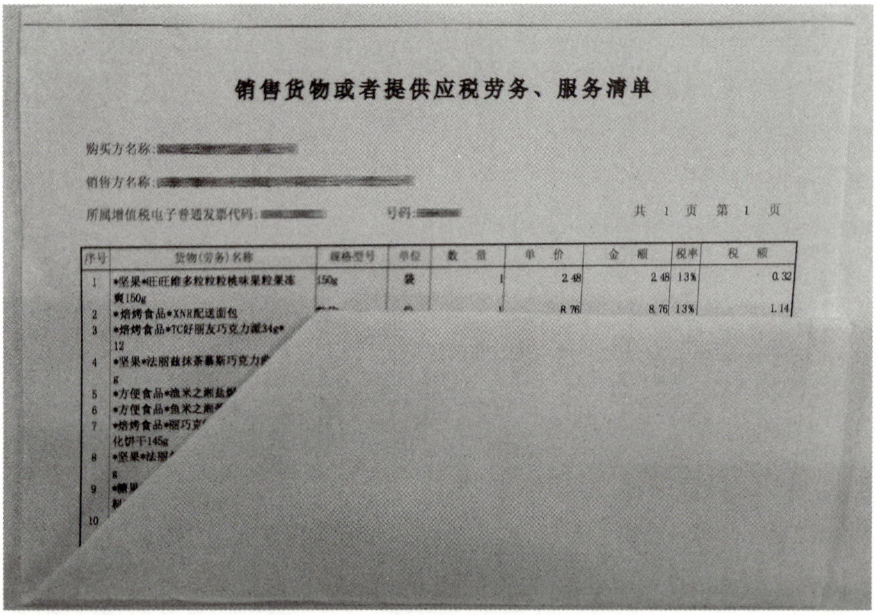


图3-2　大规格原始凭证折叠示范

## 2. 原始凭证的保管与分割

原始凭证的保管也应当遵循一定的规范。原始凭证原则上应当作为记账凭证的附件粘贴其后，并且与记账凭证一同装订成册，存档保管。同时，为了便于查阅，也可以复制一份单独存档保管。例如，每月将一份工资表附于每月记账凭证后面，同时复制一份另行存放，集齐全年工资表后装订成册。另外，如果一份原始凭证上同时记录两个及以上的单位或部门共同承担同一笔费用的经济业务，如多个单位支付的电费，此时就必须对其进行分割。下面主要介绍如何保管原始凭证，以及如何分割原始凭证。

（1）原始凭证的保管。原始凭证作为记账凭证必不可少的附件，在保管时有哪些规范要求呢？下面进行详细介绍。

①及时传递，不得积压。在记账凭证装订成册之前，原始凭证通常使用回形针或大头针固定在记账凭证后面，在这段时间内，凡使用凭证的财会人员都有责任妥善保管原始凭证和记账凭证。使用完毕后要及时传递，不得积压，并且要严防在传递过程中散失。

②各种经济合同和涉外文件，以及性质相同、数量很多或各种随时需要查阅的原始凭证等，如收料单、发料单、工资明细表等，都可以单独装订保管，但要注意在封面上注明记账凭证的种类、日期、编号，同时也应在记账凭证上注明“附件另订”和原始凭证的名称及编号。

③原始凭证原则上不得外借，其他单位如确因特殊原因需要使用原始凭证时，须经本单位会计机构负责人、会计主管人员批准。

凭证外借时需填写“会计档案调阅表”，详细填写调阅凭证的名称、调阅日期、调阅人姓名和工作部门、调阅理由、归还日期、调阅批准人等。调阅人员原则上不得将凭证携带外出。

需复制原始凭证的，要说明所复制的凭证名称、张数，经本单位领导同意后在本单位财会人员监督下进行，并应登记与签字。

④从外单位取得的原始凭证如有遗失、毁损，应当取得原开出单位盖有公章的证明，并注明原凭证的号码、金额和内容等，由经办单位会计机构负责人、会计主管人员和单位领导人批准后，才能代作原始凭证。

⑤根据中华人民共和国财政部、中华人民共和国财政部国家档案局令第 79 号对《会计档案管理办法》的修订，自 2016 年 1 月 1 日起施行，原始凭证的保管期限为 30 年。保管期满后如需销毁，应当遵照相关规定和流程与相应的会计档案资料一同销毁。

⑥保管期已届满，但未结清债权债务的原始凭证不得销毁。

（2）原始凭证分割单

当一张原始凭证所列支出，需要由两个或两个以上单位共同负担时，需要开具原始凭证分割单。开具分割单时，应由保存该原始凭证的单位，向其他应负担支出的单位开具原始凭证分割单，即由保存该原始凭证的单位自制原始凭证。

如图 3-3 所示，原始凭证分割单上应至少具备原始凭证的基本内容（接收单位名称、原始凭证名称、填制凭证日期、填制凭证单位名称、制单人、总金额等），标明费用分摊详情，并在分割单上加盖本单位公章。其内容与格式也可以按初始的“原始凭证”复制，但必须列明原有的原始凭证的初始金额与数量，以及对方应承担的部分，并加盖开具分割单单位的公章。

**原始凭证分割单**

年　月　日

<table>
<tr><td colspan="2">接收单位名称</td><td></td><td>地址</td><td colspan="10"></td></tr>
<tr><td rowspan="2">原始凭证</td><td>单位名称</td><td></td><td>地址</td><td colspan="10"></td></tr>
<tr><td>名称</td><td></td><td>日期</td><td colspan="3"></td><td colspan="2">编号</td><td colspan="5"></td></tr>
<tr><td rowspan="2">总金额</td><td colspan="3" rowspan="2">人民币<br>（大写）</td><td>千</td><td>百</td><td>十</td><td>万</td><td>千</td><td>百</td><td>十</td><td>元</td><td>角</td><td>分</td></tr>
<tr><td></td><td></td><td></td><td></td><td></td><td></td><td></td><td></td><td></td><td></td></tr>
<tr><td rowspan="2">分割金额</td><td colspan="3" rowspan="2">人民币<br>（大写）</td><td>千</td><td>百</td><td>十</td><td>万</td><td>千</td><td>百</td><td>十</td><td>元</td><td>角</td><td>分</td></tr>
<tr><td></td><td></td><td></td><td></td><td></td><td></td><td></td><td></td><td></td><td></td></tr>
<tr><td>原始凭证主要内容，分割原因</td><td colspan="13"></td></tr>
<tr><td>备注</td><td colspan="13"></td></tr>
</table>

注：请附原始票据复印件

单位公章：　　　　会计：　　　　制单人:

图3–3　原始凭证分割单示例

## 二、出纳填制的记账凭证

记账凭证是根据审核无误的原始凭证填制的，是作为记账、登记会计账簿的凭据。在记账凭证中记录经济业务内容时，必须将各类经济业务归集到相应的会计科目中，同时编制会计分录。因此，熟悉并掌握会计科目及会计分录的编制方法是填制记账凭证的基础和前提。下面介绍出纳工作中涉及的常用会计科目以及记账凭证的分类，了解常见经济业务的会计凭证的编制方法及账务处理流程。

### （一）认识会计科目

会计科目是对会计要素对象的具体内容进行分类核算的类目。会计对象的具体内容各有不同，管理要求也有不同。为了全面、系统、分类地核算与监督各项经济业务的发生情况，以及由此而引起的各项资产、负债、所有者权益和各项损益的增减变动，就有必要按照各项会计对象分别设置会计科目。

设置会计科目是对会计对象的具体内容加以科学归类，是进行分类核算与监督的一种方法。表 3-2 所示为我国常用会计科目。

**表 3-2　我国常用会计科目**

| 编号 | 名称 | 编号 | 名称 |
|---|---|---|---|
| 一、资产类 | | 一、资产类 | |
| 1001 | 库存现金 | 1131 | 应收股利 |
| 1002 | 银行存款 | 1132 | 应收利息 |
| 1012 | 其他货币资金 | 1164 | 合同资产 |
| 1101 | 交易性金融资产 | 1221 | 其他应收款 |
| 1121 | 应收票据 | 1231 | 坏账准备 |
| 1122 | 应收账款 | 1261 | 委托代销商品 |
| 1123 | 预付账款 | 1401 | 材料采购 |

第三章

续表

| 编号 | 名称 | 编号 | 名称 |
|---|---|---|---|
| | 一、资产类 | | 一、资产类 |
| 1402 | 在途物资 | 1601 | 固定资产 |
| 1403 | 原材料 | 1602 | 累计折旧 |
| 1404 | 材料成本差异 | 1603 | 固定资产减值准备 |
| 1405 | 库存商品 | 1604 | 在建工程 |
| 1406 | 发出商品 | 1605 | 工程物资 |
| 1408 | 委托加工物资 | 1606 | 固定资产清理 |
| 1471 | 存货跌价准备 | 1701 | 无形资产 |
| 1501 | 债权投资 | 1606 | 固定资产清理 |
| 1502 | 债权投资减值准备 | 1701 | 无形资产 |
| 1503 | 其他债权投资 | 1702 | 累计摊销 |
| 1504 | 其他权益工具投资 | 1703 | 无形资产减值准备 |
| 1511 | 长期股权投资 | 1711 | 商誉 |
| 1512 | 长期股权投资减值准备 | 1801 | 长期待摊费用 |
| 1521 | 投资性房地产 | 1811 | 递延所得税资产 |
| 1531 | 长期应收款 | 1901 | 待处理财产损溢 |

续表

| 编号 | 名称 | 编号 | 名称 |
|---|---|---|---|
| 二、负债类 | | 二、负债类 | |
| 2001 | 短期借款 | 2901 | 递延所得税负债 |
| 2201 | 应付票据 | 三、共同类（略） | |
| 2202 | 应付账款 | 四、所有者权益类 | |
| 2203 | 预收账款 | 4001 | 实收资本 |
| 2204 | 合同负债 | 4002 | 资本公积 |
| 2211 | 应付职工薪酬 | 4101 | 盈余公积 |
| 2221 | 应交税费 | 4102 | 其他综合收益 |
| 2231 | 应付利息 | 4103 | 本年利润 |
| 2232 | 应付股利 | 4104 | 利润分配 |
| 2241 | 其他应付款 | 五、成本类 | |
| 2501 | 长期借款 | 5001 | 生产成本 |
| 2502 | 应付债券 | 5101 | 制造费用 |
| 2701 | 长期应付款 | 5201 | 劳务成本 |
| 2711 | 专项应付款 | 5301 | 研发支出 |
| 2801 | 预计负债 | | |

续表

| 编号 | 名称 | 编号 | 名称 |
| --- | --- | --- | --- |
| 六、损益类 | | 六、损益类 | |
| 6001 | 主营业务收入 | 6602 | 管理费用 |
| 6051 | 其他业务收入 | 6603 | 财务费用 |
| 6101 | 公允价值变动损益 | 6701 | 资产减值损失 |
| 6111 | 投资收益 | 6702 | 信用减值损失 |
| 6103 | 资产处置损益 | 6711 | 营业外支出 |
| 6104 | 其他收益 | 6801 | 所得税费用 |
| 6301 | 营业外收入 | 6901 | 以前年度损益调整 |
| 6401 | 主营业务成本 | | |
| 6402 | 其他业务成本 | | |
| 6403 | 税金及附加 | | |
| 6601 | 销售费用 | | |

### （二）记账凭证的分类与内容

记账凭证是会计人员根据审核无误的原始凭证按照经济业务事项的内容加以归类，并据此确定会计分录后所填制的会计凭证，是登记总分类账和明细分类账的主要依据。记账凭证种类较多，内容和格式也有所不同，下面介绍记账凭证的分类和内容。

#### 1. 记账凭证的分类

记账凭证按照不同的分类标准，可划分为不同类别，发挥不同的作用。记账凭证的具体分类情况如下。

（1）收款凭证：专门记录库存现金和银行存款等货币资金收款业务的会计凭证。根据现金和银行存款收款业务的原始凭证填制，是登记现金日记账、银行存款日记账，以及有关明细账和总账的依据。

（2）付款凭证：专门用于记录库存现金和银行存款等货币资金付款业务的会计凭证。根据现金和银行存款付款业务的原始凭证填制，是登记现金日记账、银行存款日记账，以及有关明细账和总账的依据。

对于涉及现金和银行存款之间的经济业务，为了避免重复记账，一般只编制付款凭证，不编制收款凭证。

（3）转账凭证：记录除库存现金和银行存款之外的其他经济业务的会计凭证。根据其他经济业务的原始凭证填制，是登记总分类账及有关明细分类账的依据。

一般使用收、付、转凭证的单位，都是业务量大、记账凭证较多的大中型企业。

（4）通用记账凭证：适用于所有经济业务，是格式比例统一的记账凭证。为了简化记账工作流程，不区分收、付、转经济业务，而是将所有经济业务的原始凭证填制在统一格式的记账凭证中。

通用记账凭证一般适用于业务量较少的中小型企业。

记账凭证按其会计科目是否单一，分为复式记账凭证和单式记账凭证；按其是否经过汇总，可以将记账凭证分为汇总记账凭证和非汇总记账凭证，在这里就不一一介绍了。



#### 2. 记账凭证的内容

记账凭证虽然种类繁多，内容、格式也不统一，但都是按照复式记账要求，对审核无误的原始凭证，运用会计科目编制会计分录的，因此，记账凭证必须至少包含以下九项基本内容。

（1）记账凭证的名称。

（2）填制凭证的日期。

（3）记账凭证的编号。

（4）经济业务事项的内容摘要。

（5）经济业务事项所涉及的会计科目及其借贷方向。

（6）经济业务事项的金额。

（7）记账标记。

（8）所附原始凭证张数。

（9）会计主管、记账、审核、出纳、制单等有关人员的签章。

### （三）记账凭证的填制方法与要求

填制记账凭证是财务人员每天必做的工作之一，所记录的数据和借贷方向是后续登记账簿、编制报表的源数据，如果稍有差池，就会影响后期工作的顺利进行。而填制记账凭证，要先掌握记账方法，然后再学习记账凭证填制的方法与要求，填制记账凭证是做好会计工作的重要前提。

### 1. 借贷记账法

借贷记账法是指以会计恒等式“资产 = 负债 + 所有者权益”作为记账原理，以借、贷作为记账符号，用以反映经济业务增减变化的一种复式记账方法。

在借贷记账法下，所有会计科目账户的结构都是左方为借方，右方为贷方，但借方、贷方反映经济业务的增减则是不固定的。不同性质类别的会计科目，借贷双方所记录的内容也有所不同。同时，同一大类中的会计科目，借方和贷方反映增减的方向也略有差异。具体如表 3-3 所示。

**表 3-3　会计科目借贷方向反映增减情况**

| 科目账户性质 | | 简要列举及说明 | 借方 | 贷方 |
|---|---|---|---|---|
| 资产类 | 资产类 | 库存现金、银行存款、应收账款、应收票据等 | 增加 | 减少 |
| | 备抵类 | 累计折旧、坏账准备、资产减值准备等 | 减少 | 增加 |
| 负债类 | | 所有科目 | 减少 | 增加 |
| 所有者权益类 | | 所有科目 | 减少 | 增加 |
| 成本类 | | 所有科目 | 增加 | 减少 |
| 损益类 | 收入类 | 用于记录收入、收益的科目，如主营业务收入、其他业务收入、投资收益、公允价值变动损益等 | 减少 | 增加 |
| | 费用类 | 用于记录损失、费用支出的科目，如公允价值变动损益、主营业务成本、税金及附加、销售费用、管理费用、财务费用、所得税费用等 | 增加 | 减少 |
| 共同类 | | 既有资产性质，又有负债性质的具有共性的特殊科目，从其期末余额所在的方向，来界定其性质。余额在借方表现为资产；反之，则表现为负债 | | |

注：损益类科目“公允价值变动损益”同时反映损失和收益，借方反映损失增加，收益减少；贷方反映收益增加，损失减少。它既可划分为收入类损益科目，又可划分为费用类损益科目。

### 2. 记账凭证填制方法

填制记账凭证的过程也是编制会计分录的过程，会计分录根据“借贷记账法”进行编制，即以会计等式作为记账原理，以借、贷作为记账符号，反映经济业务增减变化。会计分录的正确与否，直接影响后续会计核算的准确性。因此，出纳人员在编制会计分录时必须遵循的一项基本原则为“有借必有贷，借贷必相等”，其含义是任何一项经济业务，在一条会计分录中必然存在借方科目和贷方科目，并且双方金额必须相等。

（1）收款凭证填制方法。凡是涉及增加库存现金和银行存款的经济业务，都必须填制收款凭证。在收款凭证左上角的“借方科目”栏中填列“库存现金”或“银行存款”；右上方填凭证编号“现收 × 号”或“银收 × 号”；摘要栏内写明经济业务内容的概要；“贷方科目”填写库存现金和银行存款相应的会计科目名称；金额栏内如实填写实际收到金额。同一科目收款业务可填列在一张收款凭证上。

（2）付款凭证填制方法。凡是涉及减少库存现金和银行存款的经济业务，都必须填制付款凭证。付款凭证左上方的“贷方科目”应填写“库存现金”或“银行存款”；右上方填写凭证编号“现付 × 号”或“银付 × 号”；摘要栏内填写经济业务内容的概要；“借方科目”填写库存现金和银行存款相对应的会计科目名称；金额栏内填写实际支付金额。同一科目付款业务可以填一张付款凭证上。

（3）转账凭证填制方法。对于不涉及增加或减少库存现金和银行存款的经济业务，则必须填制转账凭证。转账凭证没有固定的账户对应关系，因此，在填写过程中要分别填列借方科目和贷方科目。

出纳人员通常负责填制记录资金变动的收款凭证和付款凭证，转账凭证一般由会计人员填制。



（4）通用记账凭证填制方法。通用记账凭证简称为“记账凭证”，即通用于收款、付款和转账等各种类型的经济业务，其格式和填制方法与转账凭证基本一致。

（5）汇总记账凭证填制方法。如果业务量较大、记账凭证较多，为了减少登记总账的工作量，可以先填制汇总记账凭证，接着再根据汇总记账凭证登记总账。其填制方法如下。

①填写汇总记账凭证的日期、编号、会计科目，注意编号顺序应与记账凭证一致。

②将需要汇总的记账凭证，按照相同的会计科目进行归类。

③将相同会计科目的本期借方发生额和贷方发生额分别加总，计算出合计发生额。

④将每一会计科目的合计发生额填入汇总表的相应栏位。

### 3. 记账凭证填制要求

会计人员填制记账凭证时要严格按照规定的格式和内容进行，除必须做到记录真实、内容完整、填制及时、书写清楚外，还必须符合以下填制记账凭证的基本要求。

（1）记账凭证各项内容必须完整。

（2）记账凭证应连续编号，一笔经济业务需要填制两张以上记账凭证的，可以采用“分数编号法”编号。

（3）记账凭证的书写应清楚、规范。

（4）记账凭证可以根据每一张原始凭证填制，或根据若干同类原始凭证汇总编制，也可以根据原始凭证汇总表填制，但是不得将不同内容和不同类别的原始凭证汇总填制在一张记账凭证上。

（5）除结账和更正错误的记账凭证可以不附原始凭证外，其他记账凭证必须附有原始凭证。

（6）填制记账凭证时若发生错误，应当将错误的记账凭证作废后重新填制，同时为维持编号的连续性，应保留作废凭证，不得将其撕毁。

（7）应当根据经济业务的内容，按照会计制度的规定，确定应借贷的会计科目，科目使用必须正确，科目名称必须填写完整，不得任意改变或予以简化，如有明细科目也必须填写齐全。

（8）“摘要”栏是对经济业务内容的简要说明，要求文字说明简明扼要、清晰易懂。

（9）在记账凭证中，借贷的账户必须保持清晰的对应关系，即编制分录可以“一借一贷”“一借多贷”“多借一贷”，但不宜“多借多贷”。

（10）一张记账凭证填制完成经济业务事项后，如剩有空行，应将金额栏最后一笔金额数字下的空行处至合计数上的空行处画线注销。

（11）一张记账凭证填制完毕后，应按所使用的记账方法加总合计数，以检查对应账户的平衡关系。

编制记账凭证的注意事项如下。

（1）以自制的原始社会凭证或原始凭证汇总表代替记账凭证使用的，也必须具备记账凭证所有的内容。

（2）记账凭证的日期，一般为编制凭证当天的日期。按照权责发生制原则计算收益、分配费用、结转成本利润等调整分录和结转分录的记账，虽然需要到下月才能编制，仍应当填写当月月末的日期，同时在当月账本中进行登记。

（3）记账凭证填制要求中的第（6）、第（10）条主要是针对手工记账而规定的规范要求，实际工作中采用财务软件记账的，若填制错误可直接删除后重新填制，最末一栏下剩有空行也无须画线注销。

【例题】甲公司于202× 年 × 月 ×× 日发生以下收付款业务：

（1）收到 A 公司现金支付的货款 8 000 元；

（2）从银行存款账户向 B 公司支付货款 12 000 元；

（3）从银行提取备用金 10 000 元。

会计科目借贷方向分析如下：

(1) 收到现金支付货款，表明库存现金增加，资产增加在借方；同时 A 公司的应收账款减少，资产减少在贷方。

(2) 银行存款支付货款，表明银行存款减少，资产减少在贷方；同时 B 公司的应付账款减少，负债减少在借方。

(3) 从银行提取备用金，表明银行存款减少，同时库存现金增加，资产减少和增加分别在贷方和借方。

根据以上分析，出纳人员应填制如图 3-4 和图 3-5 所示的收款凭证和付款凭证。

收款凭证

借方科目：库存现金　　202× 年 × 月 ×× 日　　现收字第 1 号

| 摘要 | 贷方科目 | | 金额 | 记账 √ |
|---|---|---|---|---|
| | 总账科目 | 明细科目 | | |
| 收到 A 公司货款 | 应收账款 | A 公司 | 8 000.00 | |
| 提取备用金 | 银行存款 | 中国 ×× 银行 ×× 支行 | 10 000.00 | |
| | | | | |
| 合计 | | | 18 000.00 | |

附单据 2 张

财务主管：张 ××　　审核：李 ××　　出纳：王 ××

图3-4　收款凭证

付款凭证

贷方科目：银行存款　　202× 年 × 月 ×× 日　　银付字第 1 号

| 摘要 | 借方科目 | | 金额 | 记账 √ |
|---|---|---|---|---|
| | 总账科目 | 明细科目 | | |
| 支付 B 公司货款 | 应付账款 | B 公司 | 12 000.00 | |
| 提取备用金 | 库存现金 | | 10 000.00 | |
| | | | | |
| 合计 | | | 22 000.00 | |

附单据 2 张

财务主管：张 ××　　审核：李 ××　　出纳：朱 ××　　记账：王 ××

图3-5　付款凭证

第三章

【例题】甲公司于202× 年 × 月 ×× 日向C公司销售一批货品，价税合计金额为28 000元，已开具增值税专用发票，货款暂未收到。甲公司为增值税一般纳税人，适用增值税税率为13%。要求根据该笔经济业务填制转账凭证。

经分析，出纳人员应填制如图3-6所示的转账凭证。

转账凭证

202× 年 × 月 ×× 日　　　　转字第1号

| 摘要 | 会计科目 | | 借方金额 | 贷方金额 | 记账√ |
|---|---|---|---|---|---|
| | 总账科目 | 明细科目 | | | |
| 销售——C公司 | 应收账款 | C公司 | 28 000.00 | | |
| 确认收入 | 主营业务收入 | | | 24 778.76 | |
| 销项税额 | 应交税费 | 应交增值税（销项税额） | | 3 221.24 | |
| | | | | | |
| | | | | | |
| 合计 | . | | 28 000.00 | 28 000.00 | |

附单据3张

财务主管：张 ××　　审核：李 ××　　出纳：朱 ××　　记账：王 ××

**图3-6　转账凭证**



## 三、登账及对账

会计账簿，是指由一定格式的账页组成的，以会计凭证为依据，对各项经济业务连续、系统、全面地反映在账册中的簿记。设置和登记账簿，是编制会计报表的基础，是连接会计凭证与会计报表的中间环节，在会计核算中具有重要意义。

### （一）会计账簿的构成

按照会计核算的基本要求和会计规范的有关规定，应结合本单位经济业务的特点和经营管理的需要，设置适用于本单位的账簿。会计账簿的基本构成如下。

#### 1. 封面

会计账簿的封面上应标明账簿名称，如“现金日记账”“银行存款日记账”“总账”等。

#### 2. 扉页

扉页用于填写会计账簿的使用信息和预留印鉴，通常包括账簿启用、账簿名称、经管人员、交接记录、科目索引等项目。

#### 3. 账页

账页是会计账簿里用于记录实际经济业务事项的表格形式的载体，其格式因反映经济业务内容的不同而有所不同，但至少应当包括以下内容。

（1）账户的名称，以及对方科目、二级或明细科目。

（2）登记账簿的日期栏。

（3）记账凭证的号数栏。

（4）摘要栏，记录经济业务内容的简要说明。

（5）金额栏，记录经济业务的增减变动和余额。

（6）页次栏。

### （二）会计账簿的作用

会计账簿的设置和登记在财务核算中发挥着重要作用，主要体现在以下四点。

#### 1. 记载和储存会计信息，为会计核算提供系统、完善的信息资料

填制记账凭证后，将其中记录的经济业务记入会计账簿，可以完整地储存会计核算所需的经济信息，并集中、全面地反映一定时期内所发生的资金的运动轨迹。

#### 2. 分类和汇总会计信息，是进行会计分析的重要依据

会计账簿由相互关联的不同账户构成，通过账簿记录，不仅可以分门别类地反映各项会计信息，提供一定时期内经济活动的详细情况，而且能够通过计算发生额、余额，提供各方面所需的财务汇总信息，并以此分析财务状况和经营成果。

#### 3. 检查和校正会计信息，有效发挥会计监督职能

根据记账凭证登记会计账簿，是对会计凭证信息的进一步梳理，也是再次审核和校正会计信息的过程。

#### 4. 编报和输出会计信息，为编制财务报表提供主要依据

财务状况和经营成果最终是以财务报表的形式予以反映，并向有关单位报送。而财务报表是依据会计账簿记录的经济信息汇总编制而成的。

### （三）会计账簿的分类

会计账簿按照其用途、账页格式、外形特征等标准划分为不同类别，具体划分标准及其分类如下。

### 1. 按照用途分为序时账簿、分类账簿、备查账簿

（1）序时账簿：又称日记账，是按照经济业务发生的先后顺序逐日逐笔进行登记的账簿。序时账簿是会计按照会计凭证号码的先后顺序进行登记的。在会计工作发展的早期，就要求必须将每天发生的经济业务逐日逐笔登记，以便记录当天业务发生的金额。

序时账簿按其记录内容的不同，又分为普通日记账和特种日记账两种。

①普通日记账：将企业每天发生的所有经济业务，不论其性质如何，按照发生时间的先后顺序，依次编制成会计分录记入账簿。

②特种日记账：按照经济业务性质的不同，而单独、专门设置的账簿，它仅把特定项目按经济业务发生的顺序逐笔记入账簿，反映其详细情况。现金日记账和银行存款日记账即属于特种日记账。特种日记账的设置，应根据业务特点和管理需要而定，特别是对那些发生频繁、必须严加控制的项目，应予以单独设置。

（2）分类账簿：对全部经济业务事项按照会计要素的具体类别设置的分类账户进行登记的账簿。分类账簿按其提供核算指标的详细程度不同，又分为总分类账和明细分类账。

①总分类账简称总账，是根据总分类科目开设的账户，用来登记全部经济业务，进行总分类核算，提供总括核算资料的分类账簿，如“应收账款总账”登记每期应收账款的发生额总额、余额总额。

②明细分类账简称明细账，是根据总账科目下的明细分类科目开设的账户，用于登记某类经济业务，进行明细分类核算，提供明细核算资料的分类账簿。例如，“应收账款明细账”登记每期应收账款科目下的每一明细科目的发生额、余额，如“应收账款——A 公司”“应收账款——B 公司”等。

（3）备查账簿：又称辅助账簿，是对某些在序时账簿和分类账簿等主要账簿中都不予登记或登记不够详细的经济业务事项进行补充登记时使用的账簿。它可以对某些经济业务的内容提供必要的参考资料。备查账簿的设置应视实际需要而定，并非一定要设置，而且没有固定格式，如租入固定资产登记簿（见表 3-4）、代销商品登记簿、委托代加工商品登记簿等。

**表3-4　租入固定资产登记簿**

| 固定资产名称 | 规格 | 型号 | 使用部门 | 使用地点 | 租赁合同号 | 出租单位 | 租入日期 | 租赁期限 | 租金（元） | 备注 |
|---|---|---|---|---|---|---|---|---|---|---|
| | | | | | | | | | | |
| | | | | | | | | | | |
| | | | | | | | | | | |



第三章

### 2. 按账页格式分为三栏式账簿、多栏式账簿、数量金额式账簿

（1）三栏式账簿：设有借方、贷方和余额三个基本栏目的账簿。如日记账、总分类账、资本、债权、债务明细账等通常使用三栏式账簿。

（2）多栏式账簿：在账页的两个基本栏目及借方和贷方后面按照需要分设若干专栏的账簿。适用于登记收入、费用等明细分类较多的经济业务。例如，“管理费用”通常细分为办公费、通信费、交通费、汽车费用、工资费用等若干明细。

（3）数量金额式账簿：借方、贷方和余额三个栏目内都分设数量、单价和金额三小栏，借以反映财产物资的实物数量和价值金额。原材料、库存商品、产成品等明细账通常采用数量金额式账簿。

### 3. 按账簿的外形特征分为订本式账簿、活页式账簿。

（1）订本式账簿：是在启用前将编有顺序页码的一定数量账页装订成册的账簿。一般适用于重要的和具有统驭性的总分类账、现金日记账和银行存款日记账。

优点：可以避免账页散失，防止账页被抽换，比较安全。

缺点：同一本账簿在同一时间只能由一人登记，不便于会计人员分工协作记账，也不便于计算机打印记账。

现金日记账、银行存款日记账以及总分类账必须采用订本式。

（2）活页式账簿：简称活页账，是将一定数量的账页置于活页夹内，可根据记账内容的变化随时增加或减少账页的账簿。活页账一般适用于明细分类账。

优点：可以根据实际需要增添账页，不会浪费账页，使用灵活，并且便于同时分工记账。

缺点：账页容易散失和被抽换。



## （四）现金日记账

现金日记账是由出纳人员根据审核无误的现金收付凭证，序时逐笔登记的账簿，用来逐日反映库存现金的收入、付出及结余情况的特种日记账。为了确保账簿的安全、完整，现金日记账必须采用订本式账簿。

现金日记账是用来登记库存现金每天的收入、支出和结存情况的账簿。企业应按币种设置现金日记账进行明细分类核算。现金日记账的格式一般有三栏式、多栏式和收付分页式三种。在实际工作中大多采用的是三栏式账页格式。

### 1. 登记现金日记账

现金日记账的账页格式一般采用“收入”（借方）、“支出”（贷方）和“余额”三栏式。现金日记账通常由出纳人员根据审核无误后的现金收款凭证和现金付款凭证，逐日逐笔按顺序登记。但由于从银行提取现金的业务，只填制银行存款付款凭证，不填制现金收款凭证，因而

从银行提取现金的现金收入数额应根据有关的银行存款付款凭证登记。每日业务终了时，应计算、登记当日现金收入合计数、现金支出合计数以及账面余额，并将现金日记账的账面余额与库存现金实有数核对，借以检查每日现金收入、支出和结存情况。库存现金日记账示例如图3-7 所示。

库存现金日记账

第　　页

| 年 | | 凭证 | | 摘要 | 借方 | | | | | | | | | | | 贷方 | | | | | | | | | | | 借或贷 | 余额 | | | | | | | | | | | 核对 |
|---|---|---|---|---|---|---|---|---|---|---|---|---|---|---|---|---|---|---|---|---|---|---|---|---|---|---|---|---|---|---|---|---|---|---|---|---|---|---|---|
| 月 | 日 | 种类 | 号数 | | 亿 | 千 | 百 | 十 | 万 | 千 | 百 | 十 | 元 | 角 | 分 | 亿 | 千 | 百 | 十 | 万 | 千 | 百 | 十 | 元 | 角 | 分 | | 亿 | 千 | 百 | 十 | 万 | 千 | 百 | 十 | 元 | 角 | 分 | |
| | | | | | | | | | | | | | | | | | | | | | | | | | | | | | | | | | | | | | | | |
| | | | | | | | | | | | | | | | | | | | | | | | | | | | | | | | | | | | | | | | |
| | | | | | | | | | | | | | | | | | | | | | | | | | | | | | | | | | | | | | | | |
| | | | | | | | | | | | | | | | | | | | | | | | | | | | | | | | | | | | | | | | |
| | | | | | | | | | | | | | | | | | | | | | | | | | | | | | | | | | | | | | | | |
| | | | | | | | | | | | | | | | | | | | | | | | | | | | | | | | | | | | | | | | |
| | | | | | | | | | | | | | | | | | | | | | | | | | | | | | | | | | | | | | | | |

**图3-7　库存现金日记账示例**

### 2. 现金日记账的登记流程

现金日记账的登记流程如图 3-8 所示。

1. 填制和审核原始凭证

↓

2. 填制和审核记账凭证

↓

3. 根据记账凭证登记现金日记账

↓

4. 逐笔结出余额

↓

5. 每日汇总借方、贷方发生额及余额，并与实际金额核对

↓

6. 每月末汇总借方、贷方发生额、余额，并与实际金额核对

↓

7. 每年末汇总借方、贷方本年累计发生额及余额，并与实际余额核对

↓

8. 结束

**图3-8　现金日记账的登记流程**

第三章

3. 登记方法

（1）账簿启用表的登记。启用账簿的基本要求如下：为了保证会计账簿记录的合法性和资料的完整性，明确责任，会计人员在启用账簿时（包括日记账、明细账、总账），要填写账簿启用表（即“经管人员一览表”）。

账簿启用表的填写要求如下。

①填写启用日期和启用账簿的起止页数。如启用的是订本式账簿，起止页数已经印好，不需要再填；如启用的是活页式账簿，起止页数可等到装订成册时再填。

②填写记账人员姓名和会计主管人员姓名并加盖印章，以示慎重和负责。

③加盖单位财务公章，以示严肃。

④当记账人员或会计主管人员工作变动时，应办好账簿移交手续，并在启用表上明确记录交接日期及交出人、接管人、监交人的姓名，并加盖公章。账簿启用表示例如图 3-9 所示。

**账簿启用表**

| | | | | | | | | | | |
|---|---|---|---|---|---|---|---|---|---|---|
| 单位名称 | | | | | | | | | | |
| 本账簿 | 名称 | | | | | | | | | |
| | 册次 | 第　　册 | | | | | | | | |
| | 页数 | 第　　号至第　　号共计　　页 | | | | | | | | |
| | 使用起讫日期 | 自至 | 公元　　年　　月　　日 | 起止 | | | | | | |
| 单位负责人 | 姓名 | 盖章 | 会计主管 | 姓名 | 盖章 | 记账 | 姓名 | 盖章 | | |
| | | | | | | | | | | |
| 交接记录 | 经管人员 | | 接管 | | | | 交出 | | | |
| | 职别 | 姓名 | 年 | 月 | 日 | 盖章 | 年 | 月 | 日 | 盖章 |
| | | | | | | | | | | |
| | | | | | | | | | | |
| | | | | | | | | | | |
| | | | | | | | | | | |
| 备注 | | | | | | | | | | |

图3-9　账簿启用表示例

现金日记账启用后，在新的一年需将上一年旧账簿的余额过渡到新启用的账簿中来，在新启用的账簿首页首行填写上年结转的金额，如图 3-10 所示。

库存现金日记账

第 1 页

| 年 | | 凭证 | | 摘要 | 借方 | | | | | | | | | | | 贷方 | | | | | | | | | | | 借或贷 | 余额 | | | | | | | | | | | 核对 |
|---|---|---|---|---|---|---|---|---|---|---|---|---|---|---|---|---|---|---|---|---|---|---|---|---|---|---|---|---|---|---|---|---|---|---|---|---|---|---|---|
| 月 | 日 | 种类 | 号数 | | 亿 | 千 | 百 | 十 | 万 | 千 | 百 | 十 | 元 | 角 | 分 | 亿 | 千 | 百 | 十 | 万 | 千 | 百 | 十 | 元 | 角 | 分 | | 亿 | 千 | 百 | 十 | 万 | 千 | 百 | 十 | 元 | 角 | 分 | |
| | | | | 上年结转 | | | | | | | | | | | | | | | | | | | | | | | | | | | | | | | | | | | |
| | | | | | | | | | | | | | | | | | | | | | | | | | | | | | | | | | | | | | | | |
| | | | | | | | | | | | | | | | | | | | | | | | | | | | | | | | | | | | | | | | |
| | | | | | | | | | | | | | | | | | | | | | | | | | | | | | | | | | | | | | | | |
| | | | | | | | | | | | | | | | | | | | | | | | | | | | | | | | | | | | | | | | |
| | | | | | | | | | | | | | | | | | | | | | | | | | | | | | | | | | | | | | | | |
| | | | | | | | | | | | | | | | | | | | | | | | | | | | | | | | | | | | | | | | |
| | | | | | | | | | | | | | | | | | | | | | | | | | | | | | | | | | | | | | | | |
| | | | | | | | | | | | | | | | | | | | | | | | | | | | | | | | | | | | | | | | |
| | | | | | | | | | | | | | | | | | | | | | | | | | | | | | | | | | | | | | | | |

**图3-10 库存现金日记账**

（2）登记账簿。出纳在登记现金日记账时，应根据审核无误的收付款凭证按照账簿填写要求；使用蓝色、黑色的钢笔或签字笔逐笔、序时、连续进行登记，不得越格错位、参差不齐；文字和数字必须整洁清晰，不得使用同音异义字，不得写怪体字，不得跳行或隔页登记，如不慎发生跳行隔页时，应在空页或空行中间画线加以注销，或注明“此行空白”“此页空白”字样，并加盖单位公章；摘要内容应清楚，便于查阅。登记完毕后，应当逐项复核，检查是否有错漏。

①日期：填写业务发生的日期。

②凭证种类：一般为“记”字，部分企业使用“收”“付”“转”。

③凭证号数：根据记账所使用的记账凭证号数填写。

④摘要：应清楚表述该笔业务内容，便于事后查对，一般填写的应与记账凭证一致。

⑤借方：登记库存现金增加的金额。

⑥贷方：登记库存现金减少的金额。

⑦余额：登记库存现金的余额，计算方法为“本期期末余额＝上期期末余额＋本期借方发生额－本期贷方发生额”。每一笔发生的经济业务均需结出余额，余额前无须加“¥”。需要注意的是，库存现金和银行存款日记账的余额均应为正数，不能为负数，所以日记账并未设定余额的方向，因为余额只会是借方余额。其登记示例如图 3-11 所示。

库存现金日记账

第 2 页

| 2022年 月 | 日 | 凭证 种类 | 号数 | 摘要 | 借方 | 贷方 | 借或贷 | 余额 | 核对 |
|---|---|---|---|---|---|---|---|---|---|
| | | | | 承前页 | | | | 100000 | |
| 12 | 10 | 记 | 3 | 取现 | 500000 | | | 600000 | |
| 12 | 15 | 记 | 10 | 报销办公费 | | 150000 | | 450000 | |
| 12 | 18 | 记 | 18 | 借支差旅费 | | 300000 | | 150000 | |
| 12 | 20 | 记 | 21 | 营业收入 | 600000 | | | 750000 | |
| 12 | 20 | 记 | 33 | 归还借款 | 100000 | | | 850000 | |
| | | | | 本月合计 | 1200000 | 450000 | | 850000 | |
| | | | | 本年累计 | 5800000 | 4750000 | | 850000 | |
| | | | | 结转下年 | | | | 850000 | |

**图3–11 库存现金日记账登记示例**

（3）现金日记账登记的操作细节。

①现金日记账的借方代表现金增加，对方科目减少；贷方代表现金减少，对方科目增加。注意不要颠倒方向，否则会导致账面余额与实际余额不符，也会影响对方科目余额的准确性。

②所有栏次，包括年、月、日、对方科目、摘要、借方、贷方、余额均应填写完整，不得省略、简化。

③按照记账凭证编号顺序依次登记，不要随意打乱顺序。

④对方科目名称应填写完整，不得简化书写，如“应收账款”不宜写为“应收”。

⑤书写摘要时应抓住经济业务事项的要点，简明扼要地进行表述，不宜赘述，也不宜过于简化。

⑥每日按照公式“上日余额＋本日收入合计－本日支出合计＝本日余额”计算借方和贷方金额，以及余额，并与逐笔结出的当日最末一笔余额核对是否一致。

⑦每月末结存按照公式“上月余额＋本月收入合计－本月支出合计＝本月余额”计算借方和贷方金额，以及余额，并与逐笔结出的当月最末一笔余额核对是否一致。同时在所在行次的

上下框画红线以作醒示和区分。

⑧本年累计按照公式“年初余额＋本年累计收入－本年累计支出＝本年余额”计算借方和贷方金额，以及余额，并与逐笔结出的本年最末一笔余额核对是否一致。同时在所在行次的下框线画双红线以作醒示和区分。

⑨每月最后一日的余额应与本月余额、本年的余额一致，否则说明记账有误，应及时查错、更正。

⑩若当日收支记录多于一页账页，需要在下一页继续登记时，应在最末一页摘要栏处填写“过次页”，并结出本页借方和贷方合计金额和余额。之后在次页第一行摘要栏中填写“承前页”，并分别填入上页“过次页”行的借方和贷方合计金额和余额，也可以仅填写上一页的余额。

⑪书写字迹应工整、清晰可见。如果书写有误，应按照规范要求予以更正，不得胡乱涂改。

（4）差错更正。若在记账前发现记账凭证有错误，或是在结账前发现账簿记录有错误，而记账凭证无错误，可采用画线更正法予以更正。

①划线更正法。划线更正法的做法是：先在错误的文字或数字上画一条红线，表示予以注销，然后将正确的文字或数字用蓝字写在被注销的文字或数字的上方，并由更正人员在更正处盖章。

②红字更正法。在账簿登记以后，如果发现记账凭证上所登记的会计科目出现错误，应当采用红字更正法进行更正。

方法一：用红字填写一张与原错误完全相同的记账凭证，并用红字登记账簿，以冲销原有的错误记录。

方法二：用蓝字填写一张正确的记账凭证，重新登记入账，并且在摘要中说明更正的是哪一号凭证。

红字更正法适用的情况：记账凭证填错，并已经登记入账而形成的错账。无论是在结账前还是在结账后发现，无论是会计分录所用科目还是金额错误，都可使用此方法。

如果所记金额大于应记的正确金额，则可以采用红字更正法，将多记的金额用红字填制一张与原记账凭证所列会计科目相同的记账凭证，用以冲销多记的金额。

③补充登记法。记账后若发现记账凭证所填金额小于正确金额，可以采用补充登记法予以更正。即将少记的金额填制一张记账凭证，在“摘要”栏中注明“补记 × 字第 × 号凭证少记金额”，并据以登记入账，以补充原来登记时少记的金额。

（5）现金盘点。日清月结是出纳人员办理现金出纳工作的基本原则和要求，也是避免出现长款、短款的重要措施。所谓日清月结，就是出纳员办理现金出纳业务必须做到按日清理、按月结账。这里所说的按日清理，是指出纳员应对当日的经济业务进行清理，全部登记日记账，结出库存现金账面余额，并与库存现金实地盘点数核对相符。出纳人员在每天下班前需将日记账登记完毕结出余额，将其与库存现金实有数进行核对，若出现差异，应及时查找原因，进行处理。

月底盘点是指每月月末，出纳至少要对库存现金进行一次盘点。现金的月底盘点与日常盘点有一定的不同之处，日常盘点为出纳人员自行盘点，而月末盘点时应有上级监督，以证明库存现金的实有数与账面一致。

库存现金的盘点一般采用实地盘点法，盘点时一般是由出纳人员盘点，会计或财务主管监督，并填写库存现金盘点表（见图 3-12）。

库存现金盘点表

盘点日期：202× 年 × 月 ×× 日

| 清点现金 | | | 核对账目 | | |
|---|---|---|---|---|---|
| 货币面额 | 张数 | 金额 | 项目 | 金额 | 备注 |
| 100 元 | 13.00 | 1300.00 | 现金账面金额 | 1632.00 | |
| 50 元 | | | 加：收入凭证未记账 | | |
| 20 元 | | | 减：付出凭证 未记账 | | |
| 10 元 | 3.00 | 30.00 | 调整后现金账余额 | 1632.00 | |
| 5 元 | | | 实点现金 | 1332.00 | |
| 1 元 | 2.00 | 2.00 | 长款（+） | | |
| 5 角 | | | 短（-） | 300.00 | |
| 1 角 | | | | | |
| | | | | | |
| 实点合计 | | 1332.00 | | | |

出纳：刘 ××　　盘点人：朱 ××　　监盘人：周 ××

**图3-12　库存现金盘点表**

盘点日期：填写盘点时的日期。

张数：不同币别的数量。

金额：不同币别的金额，用货币面额 × 货币张数 = 该币别的货币金额。

实点合计：库存现金实际总金额。

现金账面金额：现金日记账在盘点时的账面余额。

收入凭证未记账：收到现金，但盘点时还未入账，未登记现金日记账的金额。

付出凭证未记账：支付现金，但盘点时还未入账，未登记现金日记账的金额。

调整后现金账余额：计算方式为现金账面金额＋收入凭证未记账－付出凭证未记账。

长款：实际盘点金额大于账面金额的部分。

短款：实际盘点金额小于账面金额的部分。

### （五）银行存款日记账

银行存款日记账是由出纳人员根据审核无误的银行存款收付凭证，序时逐笔登记的账簿。它一般是指银行存款收付日记账，如进一步细分，可以分为“银行存款收入日记账”和“银行存款付出日记账”。

银行存款日记账是专门用来记录银行存款收支业务的一种特种日记账。银行存款日记账必须采用订本式账簿，其账页格式一般采用“收入”（借方）、“支出”（贷方）和“余额”三栏式（见图 3-13）。

**银行存款日记账**

第　　页

| 年 | | 凭证 | | 摘要 | 借方 | | | | | | | | | | | 贷方 | | | | | | | | | | | 借或贷 | 余额 | | | | | | | | | | | 核对 |
|---|---|---|---|---|---|---|---|---|---|---|---|---|---|---|---|---|---|---|---|---|---|---|---|---|---|---|---|---|---|---|---|---|---|---|---|---|---|---|---|
| 月 | 日 | 种类 | 号数 | | 亿 | 千 | 百 | 十 | 万 | 千 | 百 | 十 | 元 | 角 | 分 | 亿 | 千 | 百 | 十 | 万 | 千 | 百 | 十 | 元 | 角 | 分 | | 亿 | 千 | 百 | 十 | 万 | 千 | 百 | 十 | 元 | 角 | 分 | |
| | | | | | | | | | | | | | | | | | | | | | | | | | | | | | | | | | | | | | | | |
| | | | | | | | | | | | | | | | | | | | | | | | | | | | | | | | | | | | | | | | |
| | | | | | | | | | | | | | | | | | | | | | | | | | | | | | | | | | | | | | | | |
| | | | | | | | | | | | | | | | | | | | | | | | | | | | | | | | | | | | | | | | |
| | | | | | | | | | | | | | | | | | | | | | | | | | | | | | | | | | | | | | | | |
| | | | | | | | | | | | | | | | | | | | | | | | | | | | | | | | | | | | | | | | |
| | | | | | | | | | | | | | | | | | | | | | | | | | | | | | | | | | | | | | | | |
| | | | | | | | | | | | | | | | | | | | | | | | | | | | | | | | | | | | | | | | |
| | | | | | | | | | | | | | | | | | | | | | | | | | | | | | | | | | | | | | | | |
| | | | | | | | | | | | | | | | | | | | | | | | | | | | | | | | | | | | | | | | |
| | | | | | | | | | | | | | | | | | | | | | | | | | | | | | | | | | | | | | | | |

**图3-13　银行存款日记账示例**

银行存款支出数额应根据有关的现金付款凭证登记。每日业务终了时，应计算、登记当日的银行存款收入合计数、银行存款支出合计数以及账面结存余额，以便检查监督各项收入和支出款项，避免坐支现金的出现，并便于定期同银行送来的对账单核对。

登记银行存款日记账的操作细节与库存现金日记账大致相似，需要注意的区别之处主要在于以下两点。

①银行存款日记账应根据企业在银行开立的账户和币种分别设置账簿，每个账户设置一个日记账簿。

②每月结出银行存款余额，应及时与银行出具的对账单核对，以检查日记账与银行账户余额是否存在差异。若存在差异，且已排除记账错误，则有可能存在“未达账项”，应编制余额调节表将银行存款日记账与银行账户的余额调整为一致。

### （六）银行对账

#### 1. 银企对账单

银企对账单是每月月初与银行核对银行存款日记账的余额是否同银行存款实际数一致的对账单。银企对账单目前有两种：纸质版和电子版。一般开通了网上银行的企业，银企对账单会在每月的月初生成，用户可直接在网上银行中进行对账；企业未开通网上银行的，银行会将纸质版对账单寄至企业，由企业在对账单上加盖印鉴章后寄回，目前纸制版对账单已很少使用。银企对账单只有银行存款余额，故不能用来编制银行存款余额调节表。

#### 2. 银行对账单

银行对账单用于每月月末，企业的出纳人员将企业的银行存款日记账与开户银行发来的当月银行存款对账单进行逐笔核对，勾画已达账项，找出未达账项，并编制每月银行存款余额调节表的过程。银行存款日记账应与银行对账单核对相符。

银行存款日记账与银行对账单核对的具体做法如下。

（1）出纳人员在收到银行对账单后，应及时与银行存款日记账进行核对。

（2）核对时，应将凭证的时间、摘要、记账方向、金额等逐一核对，银行存款增加则记借方，减少则记贷方。

（3）对账时，可将核对相符的内容在银行存款日记账与银行对账单上分别标“√”，表明该笔业务核对一致。

#### 3. 未达账项

出纳人员在核对完银行存款日记账和银行对账单后，可能会出现两者的余额不一致的情况。造成两者不一致的原因一般有两种：一种是双方账目发生错误；另一种是双方账目均未出错，但存在未达账项。

若是第一种情况导致银行存款日记账和银行存款对账单的余额不一致，则应查明原因，及时更正；若是第二种情况则应编制银行存款余额调节表（见图 3-14）进行调节，消除未达账项的影响，使双方余额相等。未达账项是指由于企业与银行取得凭证的实际时间不同，导致记账时间不一致，而发生的一方已取得结算凭证且已登记入账，而另一方未取得结算凭证尚未入账的款项；不包括遗失结算凭证、发现的待补结算凭证。

银行存款余额调节表

编制单位: 年 月 日 单位：元

| 项目 | 金额 | 项目 | 金额 |
|---|---|---|---|
| 企业银行存款账面余额 | | 银行对账单金额 | |
| 加：银行已收，企业未收款 | | 加：企业已收，银行未收款 | |
| 减：银行已付，企业未付款 | | 减：企业已付，银行未付款 | |
| 调节后的存款余额 | | 调节后的存款余额 | |

主管: 会计: 出纳:

**图3–14 银行存款余额调节表**

企业和银行之间可能会发生以下四种情况的未达账项。

(1) 银行已经收款入账，而企业尚未收到银行的收款通知因而未收款入账的款项，即银行已收而企业未收，如委托银行收款等。

(2) 银行已经付款入账，而企业尚未收到银行的付款通知因而未付款入账的款项，即银行已付而企业未付，如借款利息的扣付、代付水电费等。

(3) 企业已经收款入账，而银行尚未办理完转账手续因而未收款入账的款项，即企业已收而银行未收，如收到外单位的转账支票等。

(4) 企业已经付款入账，而银行尚未办理完转账手续因而未付款入账的款项，即企业已付而银行未付，如企业已开出支票而持票人尚未向银行提现或转账等。

出现第一种和第四种情况时，会使开户单位银行存款账面余额小于银行对账单的存款余额；出现第二种和第三种情况时，会使开户单位银行存款账面余额大于银行对账单的存款余额。无论出现哪种情况，都会使开户单位存款余额与银行对账单存款余额不一致，很容易开出空头支票，对此，必须编制银行存款余额调节表进行调节。

出现第一和第二种情况时，开户单位应到银行取得相关结算凭证回来入账。

【例题】出纳月末将银行存款日记账与银行对账单进行核对，发现两者金额不符，银行存款日记账期末金额为 18 500 元，银行对账单期末余额为 23 100 元。经核查，造成不符的原因是有几笔未达账项，须编制银行存款余额调节表。

(1) 银行收到货款 3 000 元，企业尚未收到银行收款回单且未登记入账。

(2) 银行代付水电费 1 400 元，企业尚未收到银行付款回单且未登记入账。

(3) 企业收到转账支票 5 000 元，已将支票送至银行办理进账登记，但银行尚未办理入账手续。

（4）企业开出转账支票支付材料款 8 000 元，银行未收到转账支票且未入账，具体如图 3-15 所示。

银行存款余额调节表

编制单位：　　202× 年 12 月 31 日　　单位：元

| 项目 | 金额 | 项目 | 金额 |
|---|---|---|---|
| 企业银行存款账面余额 | 18 500.00 | 银行对账单金额 | 23 100.00 |
| 加：银行已收，企业未收款 | 3 000.00 | 加：企业已收，银行未收款 | 5 000.00 |
| 减：银行已付，企业未付款 | 1 400.00 | 减：企业已付，银行未付款 | 8 000.00 |
| 调节后的存款余额 | 20 100.00 | 调节后的存款余额 | 20 100.00 |

主管：　　会计：　　出纳：

**图3-15　银行存款余额调节表1**

**【例题】**A 公司 202× 年 7 月 1 日进行银行对账，6 月 1 日至 6 月 30 日企业银行存款科目余额 50 000 元，截至 6 月 30 日银行对账单余额 60 000 元。经查找，A 公司向 B 公司付货款 8 000 元，银行已付款，企业未记账；A 公司向 C 公司付货款 20 000 元，企业已付，银行未记账；A 公司收甲公司应收账款 22 000 元，企业已记账，银行未记账；A 公司收乙公司应收账款 20 000 元，银行已收，企业未记账。编制的银行存款余额调节表具体如图 3-16 所示。

银行存款余额调节表

编制单位：A 公司　　202× 年 12 月 31 日　　单位：元

| 项目 | 金额 | 项目 | 金额 |
|---|---|---|---|
| 企业银行存款日记账余额 | 50 000.00 | 银行存款对账单余额 | 60 000.00 |
| 加：银行已收、企业未收乙公司账款 | 20 000.00 | 加：企业已收、银行未收甲公司账款 | 22 000.00 |
| 减：银行已付，企业未付 B 公司账款 | 8 000.00 | 减：企业已付、银行未付 C 公司账款 | 20 000.00 |
| 调节后存款余额 | 62 000.00 | 调节后存款余额 | 62 000.00 |

主管：　　会计：　　出纳：

**图3-16　银行存款余额调节表2**

第三章

### （七）会计档案的保管

《中华人民共和国会计法》规定："会计凭证、会计账簿、会计报表和其他会计资料，应当按照国家有关规定建立档案，妥善保管。会计档案的保管期限和销毁办法，由国务院财政部门会同有关部门制定。"会计档案是指会计凭证、会计账簿、会计报表等会计核算专业资料，是记录和核算经济业务重要的资料和依据，是国家整个经济档案的重要组成部分，也是各单位的重要档案之一。

会计档案的保管期限分为永久、定期两类。永久，是指会计档案须永久保存；定期，是指会计档案保存应达到法定的时间，定期保管期限一般分为 10 年和 30 年，少数也有 5 年的。

会计档案的保管期限是从会计年度终了后的第一天算起，具体如表 3-5 所示。

**表3-5　企业和其他组织会计档案保管期限**

| 会计档案明细 | | 定期保管 | | 永久保管 | 备注 |
|---|---|---|---|---|---|
| | | 10 年 | 30 年 | | |
| 会计凭证 | 原始凭证 | | √ | | |
| | 记账凭证 | | √ | | |
| 会计账簿 | 总账 | | √ | | |
| | 明细账 | | √ | | |
| | 日记账 | | √ | | |
| | 固定资产卡片 | | | | 固定资产报废清理后保管 5 年 |
| | 其他辅助性账簿 | | √ | | |
| 财务会计报告 | 月度财务会计报告 | √ | | | |
| | 季度财务会计报告 | √ | | | |
| | 半年度财务会计报告 | √ | | | |
| | 年度财务会计报告 | | | √ | |
| 其他会计资料 | 银行存款余额调节表 | √ | | | |
| | 银行对账单 | √ | | | |
| | 纳税申报表 | √ | | | |
| | 会计档案移交清册 | | √ | | |
| | 会计档案保管清册 | | | √ | |
| | 会计档案销毁清册 | | | √ | |
| | 会计档案鉴定意见书 | | | √ | |

## 四、出纳工作的完整流程及方法

完整的出纳账务处理流程主要包括以下内容。

### （一）办理收付款业务

书写要求：小写金额用阿拉伯数字逐个书写，不得写连笔字，在金额前要填写人民币符号“¥”，人民币符号“¥”与阿拉伯数字之间不得留有空白，金额数字一律填写到角分，无角分的，写“00”，有角无分的，分位写“0”。

大写金额用汉字壹、贰、叁、肆、伍、陆、柒、捌、玖、拾、佰、仟、万、亿、元、角、分、零、整等；一律用正楷或行书字书写；大写金额前未写有“人民币”字样的，应加写“人民币”三个字；“人民币”字样和大写金额之间不得留有空白；大写金额到元或角为止的，后面要写“整”或“正”字；有分的，不写“整”或“正”字。

### （二）填制记账凭证

#### 1. 编制记账凭证

出纳人员应在办理资金收付、银行结算等业务后，根据原始凭证填制记账凭证，并在记账凭证上签章。

（1）记账凭证的日期应为凭证编制日期，而不是业务发生时间。

（2）记账凭证金额栏的空白处应画线注销，以避免被填涂而改变行次内容。

（3）记账凭证上小写的金额合计数前应有人民币符号封口，以免被填涂而改变金额。

#### 2. 审核记账凭证

编制完成的记账凭证应交由会计主管或其他财务人员审核。



### （三）根据与现金、银行存款收付有关的凭证登记现金日记账、银行存款日记账

#### 1. 登记账簿，必须以审核无误的会计凭证为依据

登账完毕后，还要在记账凭证上签名或盖章，并注明所记账簿的页数，或做登账符号“√”，表示已经记账，避免重记、漏记。

#### 2. 按顺序连续登记

各种账簿应按页次顺序连续登记，不得跳行、隔页。如果发生跳行、隔页，应当将空行、空页画线注销，或者注明“此行空白”“此页空白”的字样，并由记账人员签名或者盖章。这样可以避免有人在空行和空页随意添加记录，对于堵塞在账簿登记中可能出现的漏洞，是十分必要的防范措施。

日记账每一账页登记完毕结转下页时，应当结出本月开始至本页末止的发生额及余额，写在本页最后一行和下页第一行有关栏内，并在摘要栏内注明“过次页”和“承前页”字样；也可以将本页合计数及金额只写在下页第一行有关栏内，并在摘要栏内注明“承前页”字样。

#### 3. 逐笔、序时登记日记账，做到日清月结、账款相符

（1）在登账的科目后标明记账符号“√”。

（2）在记账人处签章。

（3）日记账中的日期、摘要均为记账凭证中的日期、摘要。

（4）结出余额公式：上日余额＋本日收入－本日支出＝本日余额。

### （四）结账与对账

#### 1. 每日结账

在每日业务终了时，应结出现金日记账及银行存款日记账的本日余额。在分设“收入日记账”和“支出日记账”的情况下，在每日终了按规定登记入账后，应结出当日收入合计数和当日支出合计数，然后将支出日记账中当日支出合计数记入收入日记账中的当日支出合计栏内，在此基础上再结出当日账面余额。

#### 2. 每日对账

每天下班前，盘点库存现金的实有数，与现金日记账的当日余额核对看是否相符，如果不符，则应查找原因并及时做出处理。

#### 3. 月末对账

月末将日记账与相关收付业务的记账凭证核对，主要是核对凭证；复查记账凭证与原始凭证，看两者是否完全相符；查对账证金额与方向的一致性，如发现错误，应立即更正。

月末将现金日记账、银行存款日记账的余额与现金总账、银行存款总账余额核对。

月末将银行存款日记账与银行对账单核对，并编制银行存款余额调节表。

月末对保管的支票、发票、有价证券、重要结算凭证进行清点，按顺序进行登记核对。

#### 4. 月末结账

现金、银行存款日记账每月结账时，要结出本月发生额和余额，在摘要栏内注明“本月合计”字样，并在下面通栏画单红线。

如果年度终了时，现金、银行存款日记账有余额，要将余额结转下年，并在摘要栏内注明“结转下年”字样；在下一会计年度新建有关会计账户的第一行余额栏内填写上年结转的余额，并在摘要栏注明“上年结转”字样。

### （五）编制出纳报表

（1）在对账、结账后，根据现金日记账、银行存款日记账、其他货币资金明细账、有价证券明细账等核算资料，编制“出纳报告表”。

（2）将“出纳报告表”中的数字同据以编制出纳报告表的账簿中的有关数字进行核对。

（3）将“出纳报告表”送主管处审批。

### （六）装订凭证

（1）装订前的整理。

（2）会计凭证的装订。具体步骤如下：

①填写记账凭证封面。

②整理记账凭证。

③用打孔机在凭证的左上角打孔。

④用大针引线绳穿过钻好的孔，将凭证缝牢，线绳最好把凭证两端也系上。在凭证的背面打结，然后取下夹子。

⑤将包角纸往后翻，压平，上侧呈 90°。

⑥按凭证左上角的大小裁剪包角纸，并用包角纸将线绳遮盖并粘牢。

⑦将装订好的凭证放进凭证盒，并在盒脊上填好相关要素。



### （七）出纳档案的保存

#### 1. 整理和保管有关凭证

出纳记账所依据的原始凭证及记账凭证，在出纳记账后，要传递给记账会计，在年终归档前由记账会计进行整理和保存。

#### 2. 调阅出纳资料

出纳保存的核算资料，按规定不能外借，若有特殊情况需要调阅的，必须报经上级主管部门批准，并应登记、签字、限期归还。调阅的出纳资料不能拆散原卷册。

CHAPTER 4

# 第四章 出纳核心业务——现金管理和收支业务

现金管理是指对企业现金的数量和使用范围进行控制与管理。具体来讲，就是对现金的收、付等各个环节进行监督和管理。

现金的概念从理论上讲，具有广义和狭义之分。

广义的现金是指企业（单位）在生产经营过程中所持有的，以货币形态存在、随时可作为流通与支付手段的资金。包括库存现金、银行存款，以及除以上两项外的其他货币资金，如证券、银行汇票、支付宝、微信等第三方电子网络支付平台中的资金。

狭义的现金仅指企业所拥有的具有货币形态的现钞，即纸币、硬币。

按照我国会计惯例，一般采用狭义的现金概念，也就是说，会计范畴所称的“现金”，是专指由企业出纳人员保管的，用于支付零星支出的库存现款。

## 一、资金管理模式

资金管理模式包括收支两条线和集团企业集中管理。企业应当根据自身规模、生产经营性质等选择合适的资金管理模式。

### （一）收支两条线

收支两条线，顾名思义，就是将资金收入和资金支出分为两条互不相交的支线单独管理。企业实行收支两条线管理模式的主要有两个：一是对企业范围内的现金进行集中管理，可以减少现金持有成本，加速资金周转，提高资金使用效率；二是以实施收支两条线为切入点，通过高效的价值化管理来提高企业效益。构建企业“收支两条线”管理模式，主要从规范资金的流向、流量和流程三个方面入手。

### 1. 资金流向方面

在资金流向方面，可分设两个账户，即收入账户和支出账户，规定所有收入的现金必须进入收入账户，所有支出的现金都必须从支出账户支付。支出账户里的资金只能根据一定的程序由收入账户划拨而来，不得坐支现金。

### 2. 资金流量方面

在资金流量方面，可以在收入环节上确保所有收入的现金全部进入收入账户，不允许私设账外“小金库”。

### 3. 资金流程方面

资金流程是指与资金流动有关的程序和规定。它是收支两条线内部控制体系的重要组成部分，主要包括以下几个部分。

（1）账户管理、货币资金安全性管理。

（2）收入资金管理与控制。

（3）支出资金管理与控制。

（4）资金内部结算、信贷管理与控制。

（5）收支两条线的组织保障等。

## （二）集团企业集中管理模式

集团企业集中管理模式是指集团企业设立一个资金管理总部，借助商业银行的网上银行功能及其他信息技术手段，将分散在集团内各所属企业的资金集中到总部，由总部对所有资金进行统一调度、管理和运用。这种管理模式一般包括资金集中，内部结算，以及对融资、外汇、支付的管理等。其中资金集中是集团企业集中管理的基础。

集团企业资金集中管理的模式一般分为统收统支、拨付备用金、结算中心、内部银行、财务公司等模式。

### 1. 统收统支模式

统收统支模式是指集团内各企业不单独设立账户，一切现金收储活动全部集中在总部或母公司的财务部门。现金收支的批准权高度集中在总部经理或其授权的管理人员手中；或是设置独立账户，但通过实行“收支两条线”及资金合并、账户集中等手段，将现金收付活动的实际控制权收归总部或母公司所有。在实际工作中，前一种模式一般适用于信息化水平较低的企业，而后一种模式则适用于信息化应用水平较高的企业。

### 2. 拨付备用金模式

拨付备用金是指集团总部定期定额拨付给成员企业的现金，作为其开展日常经营活动的备用金。在这种模式下，成员企业可以在总部规定的现金支出范围和支出标准额度内，对拨付的备用金使用行使决策权。但是，所有现金收入必须集中到集团总部，而现金支出必须持相关凭证到总部报销以补足备用金。

### 3. 结算中心模式

结算中心是由企业集团或控股公司设立的一个独立运行的职能机构，统一办理企业内部各成员或下属分（子）公司资金收付及往来结算、资金调度。其主要作用是降低资金成本、提高资金使用效率。这种模式的业务内容涵盖了资金管理、融资、结算、风险控制、运作和计划等。

### 4. 内部银行模式

内部银行模式是指将商业银行的信贷与结算职能和方式用于企业内部，以充实和完善企业内部经济核算。这种模式的管理方法主要是将企业的自有资金和商业银行的信贷资金统筹动作，由内部银行统一调度、融通运用，通过吸纳企业下属单位的闲散资金，调剂余缺，达到减少资金占用、加速资金周转速度、提高资金使用率的目的。

### 5. 财务公司模式

财务公司是指为企业集团成员单位提供财务管理服务的非银行金融机构，成立此机构的主要目的是加强企业集团资金集中管理和提高企业资金使用效率。财务公司的业务内容主要是办理成员单位之间的内部转账结算、清算、投资、融资、委托投资和委托贷款，承销成员单位的企业债券，以及办理咨询、代理、担保业务等。

## 二、现金管理的基本要求

### （一）库存现金管理

库存现金是指企业在现金限额内持有可随时用于支付的存放在企业财会部门由出纳人员经管的现金，包括人民币现金和外币现金。库存现金与会计核算中“库存现金”科目所包括的内容一致。它是企业流动性最强的资产，对于维持企业正常的生产经营管理具有重要作用，但库存现金也是企业资产中最容易流失的资产，因此加强库存现金管理对于企业有重要的意义。

### 1. 钱账分管

钱账分管，即管钱的不管账，管账的不管钱。

各单位应配备专职的出纳人员，负责办理现金收付和结算业务，登记库存现金日记账，保管库存现金和各种有价证券，保管好有关印章、空白收据和空白支票。出纳人员不得兼管稽核、会计档案的保管和收入、费用、债权、债务账目的登记工作。

建立钱账分管制度，可以使出纳人员和会计人员相互牵制、相互监督，从而减少出错和贪污舞弊的可能性。如果一个人既管钱又管账，出错和贪污的机会可能性就较大；而实行钱账分管制度后，犯罪的机会减少、难度加大，导致舞弊的可能性就大为降低。当然，管钱的不管账，并不是说出纳人员不能管理任何账目。出纳人员在办理现金收付和结算业务及现金保管的同时，也应登记现金日记账和编制现金日报表。这里要注意，现金总账不能由出纳登记而应由会计登记。另外，出纳还可以登记一些和库存现金、银行存款不产生对应关系的账簿，比如累计折旧等明细账。

为了防止出纳人员的舞弊行为，在实际工作中还可以实行会计人员的轮岗制度。

### 2. 库存现金开支审批制度

（1）明确本单位库存现金开支范围。各单位应按规定确定本单位的现金开支范围，如支付职工工资、支付职工差旅费、支付员工因公借款、支付零星采购材料款和运杂费等。

（2）明确各种报销凭证，规定各种库存现金支付业务的报销手续和办法。各单位应按其业务内容外购、定制或自制各种报销凭证，如支出凭单、费用报销单、差旅费报销单、粘贴凭单、入库单、出库单、借款单、工资表等，并规定各种报销凭证的使用方法，以及各种凭证的传递手续，确定各种现金支出业务的报销办法。

（3）确定各种现金支出的审批权限。各单位应根据经营规模、内部职责分工等，确定不同额度和不同的现金支出审批权限。比如，可以规定凡是现金开支额在 3 000 元以下的，由部门经理审查批准；凡是现金开支额在 3 000 元以上 8 000 元以下的，由主管该项业务的副总经理审查批准；凡是现金开支额在 8 000 元以上的，由单位最高领导或集体决议审批等。出纳人员依据按规定权限审核批准并签章的单据办理现金付款业务，未经过审核批准并签章的或者有关人员超越规定权限审批的，出纳人员不得付款。

### 3. 库存现金日清月结制度

日清月结是出纳人员办理现金出纳工作的基本原则和要求，也是避免出现长款、短款的重要措施。所谓日清月结，就是出纳人员办理现金收付业务，必须做到按日清理，按月结账。这里所说的按日清理，是指出纳人员应对当日的经济业务进行清理，全部登入日记账，结出库存现金账面余额，并与库存现金实地盘点数核对相符；按月结账是指出纳人员必须对库存现金日记账在每月结出本月发生额和余额，在摘要栏注明“本月合计”，并在下面通栏画单红线。



日清的具体内容包括以下几项。

（1）清理各种现金收付款凭证，检查单证是否相符，即检查各种收付款凭证所填写的内容与所附原始凭证反映的内容是否一致。同时，还要检查每张单证是否已经盖齐“收讫”“付讫”的戳记。

（2）登记和清理日记账。将当日发生的所有现金收付业务全部登记入账，在此基础上，检查账证是否相符，即现金日记账所登记的内容、金额和日期与收付款凭证的内容、金额和日期等是否一致。清理完毕后，结出现金日记账的当日库存现金账面余额。

（3）现金盘点。出纳人员应按券别分别清点其数量，然后加总，得出当日现金的实存数。将盘点得出的实存数和账面余额进行核对，检查账实是否相符。如发现有长款或短款，应进一步查明原因，并及时进行处理。所谓长款，是指现金实存数大于账存数；所谓短款，是指实存数小于账存数。对于长款，如果经查明属于记账错误、丢失单据等，应及时更正错账或补办手续；如属于少付他人的，则应及时退还原主；如确实无法退还，应经过一定审批手续后作为单位的营业外收入。对于短款，如查明属于记账错误应及时更正错账；如属于出纳人员工作疏忽或业务水平问题，一般应按规定由过失人赔偿。

### 4. 库存现金保管制度

各单位应建立健全现金保管制度，防止由于制度不严、工作疏忽而给犯罪分子可乘之机，给国家和单位造成损失。库存现金保管制度一般包括以下内容。

（1）超过库存限额以外的现金应在下班前送存银行。

（2）为加强对现金的管理，除工作时间需要的小量备用金可放在出纳人员的抽屉内外，其余则应放入出纳专用的保险柜内，不得随意存放。

（3）限额内的库存现金当日核对清楚后，一律放在保险柜内，不得放在办公桌内过夜。

【例题】A 公司 2 月共支付现金 36 000 元，那么平均每日现金支付额为 36 000÷28 ≈ 1 236 元，那么 3 月按照 5 天需要量确定库存现金数额为 1 236×5=6 180 元。

【例题】A 公司 202× 年销售收入总额为 1 326 910.68 元，销售成本为 1 022 990.62 元。202× 年购进货物 1 250 460.68 元。存货的年初和年末余额分别为 465 579.5 元和 685 830.16 元；应收账款年初、年末余额分别为 529 540.36 元和 754 868.72 元，应付账款年初、年末余额分别为 1 321 028.32 元和 569 686.82 元。计算 A 公司该年的现金周转期。根据会计惯例，一个会计年度按照 360 天计算。

存货周转期：[（465 579.50 ＋ 685 830.16）÷2]÷（1 022 990.62÷360）≈ 203（天）

应收账款周转期：[（529 540.36 ＋ 754 868.72）÷2]÷（1 326 910.68÷360）≈ 174（天）

应付账款周转期：[（1 321 028.32 ＋ 569 686.82）÷2]÷（1 250 460.68÷360）≈ 272（天）

现金周转期：203 ＋ 174 － 272=105（天）

从以上计算结果可以看出，A 公司的现金周转期较长，因此，在经营管理过程中，应当着力加快生产与销售产成品以减少存货周转期，并加速回收应收账款以减少应收账款周转期，同时应尽量延缓支付应付账款以延长应付账款周转期，最终缩短现金周转期，达到增加企业现金流量的目的。

（4）单位的库存现金不准以个人名义存入银行，以防止有关人员利用公款私存取得利息收入，也防止单位利用公款私存形成账外小金库。

（5）库存现金的纸币和铸币，应实行分类保管。出纳人员应对库存票币分别按照纸币的票面金额和铸币的币面金额，以及整数（大数）和零数（小数）分类保管。

纸币一定要打开铺平存放，并按照纸币的票面金额分别捆扎。其中，某种票面金额的纸币够 100 张，则以每 100 张为一把捆扎好，以整数计算；不成把的纸币（零数），按照票面金额单独捆扎，在每次点数完毕后在其上面附一张写好金额数字的纸条，并存放整齐。

铸币按照币面金额分别捆扎或存放，并放在保险柜内保管。

（6）为了保护财产的安全和完整，各单位应配备专用保险柜，专门用于库存现金、各种有价证券、银行票据、印章及其他出纳票据等的保管，并加强对保险柜的使用管理。

### （二）现金管理的一般规定

#### 1. 现金的使用范围

根据国务院发布的《现金管理暂行条例》，开户单位可以在下列范围内使用现金。

（1）职工工资、津贴。

（2）个人劳务报酬。

（3）根据国家规定颁发给个人的科学技术、文化艺术、体育等各种奖金。

（4）各种劳保、福利费用以及国家规定的对个人的其他支出。

（5）向个人收购农副产品和其他物资的价款。

（6）出差人员必须随身携带的差旅费。

（7）结算起点（1 000 元）以下的零星支出。

（8）中国人民银行确定需要支付现金的其他支出。

#### 2. 实行库存现金限额管理制度

开户银行根据实际需要，原则上以开户单位 3 至 5 天的日常零星开支所需核定库存现金限额。偏远地区和交通不发达地区的开户单位的库存现金限额可以适当放宽，但最多不得超过 15 天的日常零星开支。

#### 3. 现金收入要及时入账

企业单位收到的现金应于当日或最迟下一个工作日全额送存开户银行，不得坐支现金，不得私设“小金库”。企业送存现金必须注明送存现金的来源，当日送存确有困难的，由开户银行确定送存时间

【例题】B 公司出纳人员将库存现金 10 000 元送存银行时，需填写如图 4-1 所示的现金缴款单。

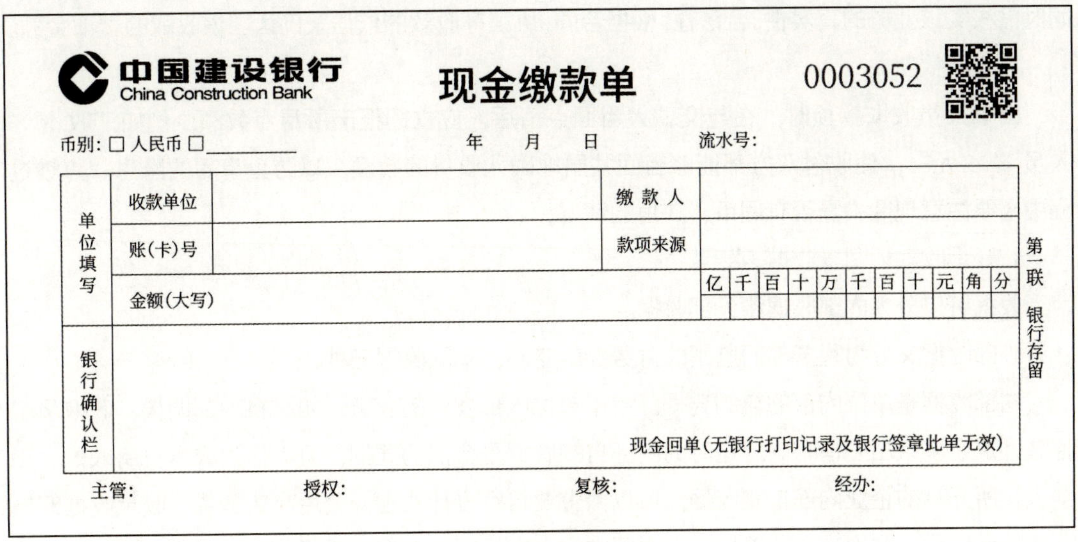

中国建设银行 China Construction Bank

现金缴款单　0003052

币别：□人民币□______　年　月　日　流水号：

| | | | | |
|---|---|---|---|---|
| 单位填写 | 收款单位 | | 缴款人 | |
| | 账（卡）号 | | 款项来源 | |
| | 金额（大写） | | | 亿 千 百 十 万 千 百 十 元 角 分 |
| 银行确认栏 | 现金回单（无银行打印记录及银行签章此单无效） | | | |

第一联　银行存留

主管：　授权：　复核：　经办：

**图4-1　现金缴款单**

### 4. 坚持现金盘点制度

每日下班前，出纳人员必须进行现金盘点，并与现金日记账余额进行核对，若发现差异，则应及时查明原因并予以解决，不允许白条抵库。

### （三）现金管理的其他规定

（1）现金必须保管在保险柜内。

（2）不允许编造用途套取现金。

（3）不允许法人单位之间相互借用现金。

（4）不允许利用账户替其他单位和个人套取现金。

（5）不允许将单位的现金收入按个人储蓄方式存入银行。

（6）建立内控制度，财务负责人应定期或不定期地对库存现金进行检查，以保证现金的安全与完整。

（7）建立严密的内部牵制制度，保证账款分开，现金出纳和记账人员职责严格分开。

## 三、现金收入管理

### （一）现金收款业务流程

### 1. 核对收款依据

出纳人员收取现金款项时，首先要询问相关经办人或负责人了解清楚所收款项是什么款项，同时需核实该业务的真实性、合法性，根据合同、协议等收款的依据来确认应该收取的款项金额。

2. 收取款项

出纳人员收取款项时，在与交款人当面点清后，应立即报出所清点数额，例如“收 ×× 人员 ×× 元”，使收付双方都能够当面共同地确认收付的数额，以防止事后的隐患。点钞过程中还要注意现金中是否有假币、缺角的情况。

3. 开具收款证明（收据 / 发票）

收据可以分为内部收据和外部收据。

外部收据又分为税务部门监制、财务部门监制、部队收据三种。

内部收据是单位内部的自制凭据，用于单位内部发生的业务，如材料内部调拨、收取员工押金、退还多余出差借款等。这时的内部自制收据是合法的凭据，可以作为成本费用入账。出纳人员所开具的企业内部自制收据，可以由企业自行设计或在办公用品店购买。收款收据的格式比较多样化，联次也有所差异，但主要内容大致相同。收据一般可分为两联或三联，企业使用的收据多为三联式（见表 4-1）。

**表4-1　三联式收据**

| 联次 | 名称 | 用途 |
|---|---|---|
| 第一联 | 存根联 | 企业留存 |
| 第二联 | 客户联 | 开具后应盖上公章或财务专用章，交付给付款方 |
| 第三联 | 记账联 | 出纳开具后盖上“现金收讫”章后交由会计做账 |

（二）收据的填写、盖章与使用

1. 填写

（1）日期：填写收款当天的日期，使用小写日期填写即可。

（2）交款单位：在“交款单位”或“今收到”后面的横线处填写付款人或付款单位的名称。

（3）收款方式：若是现金收款，则填写现金；其他方式收款，则填写相应的方式。有些收据会有收款方式的选项，在对应收款方式前的“□”前打“√”即可。

（4）金额：填写实际收款金额，正确使用大小写金额，且大小写金额必须保持一致。

（5）收款事由：在收款事由后面的横线处填写收取款项的原因和事由。

（6）相关人员签字：出纳人员一般在“出纳”或者“经手人”处签字。

2. 盖章

在“客户联”的收款单位处加盖公章或财务专用章，其余联次可不必加盖；在“记账联”

加盖“现金收讫”章，其余联次可不必加盖。

### 3. 使用

收据填写完毕、盖好章后，将第二联“客户联”撕给付款方，第一联“存根联”保留在收据簿上备查。当日终了后，将当天开具的所有收据第三联统一交给会计做账。

## （三）无须开具收据的情况

收取款项一般需开具收款收据，但有些业务可以不开。例如，超市收取营业款时，出纳可以按照营业员交来的营业日报表做账，而无须开具收据。

## （四）借款归还时，收据的填开

员工以报销的方式归还借款时，有时会要求出纳人员开具一张收据证明自己已经归还之前的借款，只是不是以现金的方式归还而已。那么，此时出纳人员应该如何填写收据呢？

### 1. 报销金额大于借款金额

当报销金额大于借款金额时，根据借款单金额开具一张同等金额的收据，多出借款金额的部分可以直接支付现金或银行转账支付。

### 2. 报销金额等于借款金额

当报销金额等于借款金额时，则直接开具一张与借款单同等金额的收据即可。

### 3. 报销金额小于借款金额

（1）如果借款人在报销的同时将多余部分的现金归还，则开具一张与借款单金额一致的收据。

（2）如果借款人在报销的同时未将多余部分的现金归还，则开具一张与报销单金额一致的收据，未归还部分待以后归还时再开具收据。

【例题】浙江 ×× 服饰有限公司管理部林 × 在 202× 年 12 月 2 日因出差借款 2 000 元，12 月 9 日出差回来报销出差款 1 780 元，剩余款项未退回公司。所涉及的借款单、差旅费报销单和最后开具的收据如图 4-2、图 4-3 和图 4-4 所示。

**借 款 单**

编号：

资金性质：差旅费　　202X 年 12 月 02 日

| 部　　门 | 管理部 | | |
|---|---|---|---|
| 项目名称 | | 预算科目 | |
| 借款理由 | 去外地采购 | | |
| 借款金额 | 人民币（大写）贰仟元整　现金付讫<br>¥2000.00 | | |
| 领导批示 | 同意！张X | 财务主管 | 同意！龚X |

部门主管：　　会计：　　出纳：　　领款人：林X

编号：

姓名：

日期：

金额：

用途：

| 报销 \ 日期 | |
|---|---|
| 核销金额 | |
| 交回金额 | |
| 尚欠金额 | |
| 会计 | |
| 出纳 | |
| 领款人 | |

图4-2　借款单

**差 旅 费 报 销 单**

日期：202X年12月09日　　附件：2张

| 姓　　名 | 林X | 工作部门 | 管理部 | 出差日期 | 12月04日至08日 |
|---|---|---|---|---|---|
| 出差事由 | 采购 | 出差地点 | 广东珠海 | 往返天数 | 5天 |
| 发生费用 | 交通费 | 住宿费 | 伙食补贴 | 其他 | 合计 |
| | 980.00 | 650.00 | 150.00 | | 1780.00 |
| | | | | | |
| 合　　计 | 980.00 | 650.00 | 150.00 | | |
| | 人民币（大写）壹仟柒佰捌拾元整 | | | | |
| 预借金额 | 2000.00 | 应退金额 | 220.00 | 应补金额 | 0.00 |

批准人：张X　　审核人：龚X　　部门主管：　　出差人：林X

图4-3　差旅费报销单

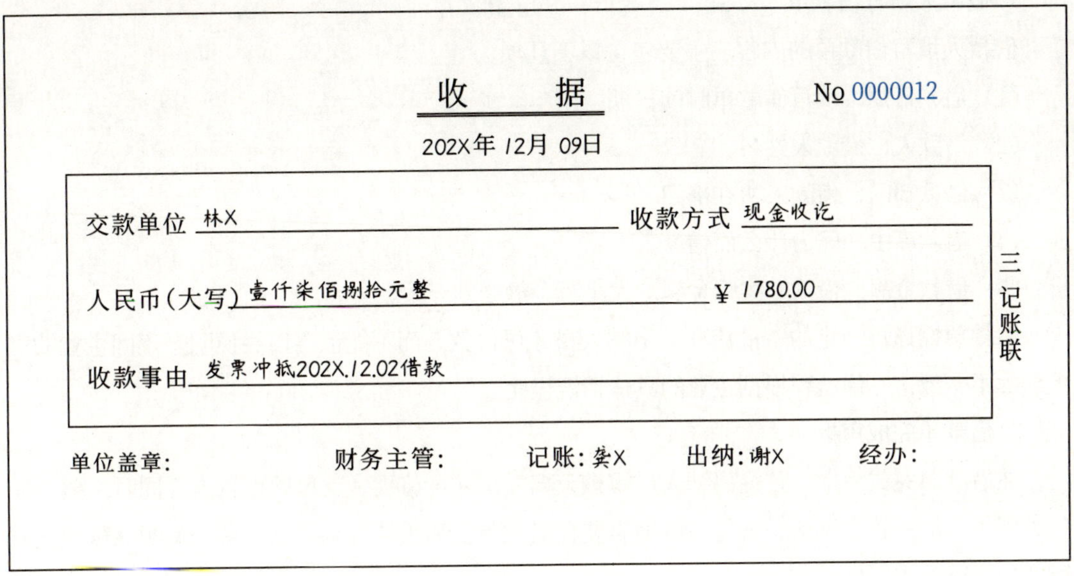
收　据　№ 0000012

202X年 12月 09日

交款单位 林X　收款方式 现金收讫

人民币（大写）壹仟柒佰捌拾元整　¥ 1780.00

收款事由 发票冲抵202X.12.02借款

三记账联

单位盖章：　财务主管：　记账：龚X　出纳：谢X　经办：

图4-4　收据

待员工林 × 归还剩余款项到财务时，出纳则应再另开一张收据交付员工。

出纳人员要做到日清月结，即当天发生的收支业务，需在当天完成清点、登记、核对的工作，不要延后，以免错过回忆差错的最佳时间，造成不必要的损失。

## 四、现金支出管理

现金付款业务是出纳日常工作中常见的业务之一，常见的有员工借款、费用报销、支付货款等。企业的付款业务需要经过相应的审批流程，审批完成后出纳人员才可以进行付款。

### （一）借款支付

员工借款的种类有多种，如出差借款、零星采购借款等。借款时需填制借款单，借款单是企业内部自制的原始单据，格式比较灵活，企业可以自己设计格式也可以直接购买，实际工作中多为在办公用品店购买借款单。图 4-5 所示为借款流程。

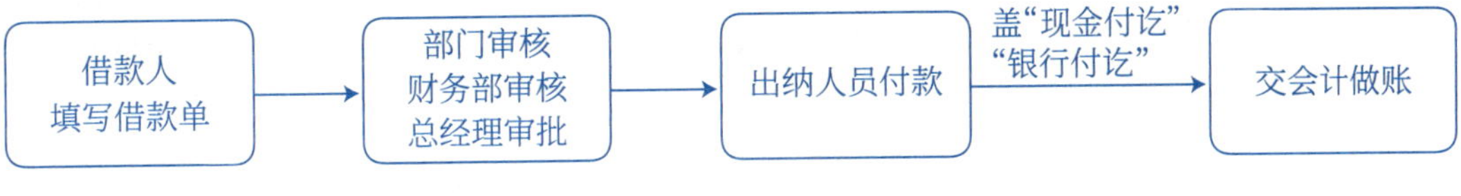


图4-5　借款流程

### 1. 借款人填写借款单

借款人填写借款单的内容应主要包含以下几项。

（1）借款日期：填写借款单时的日期。

（2）借款人：借款人姓名。

（3）借款部门：借款人所在部门。

（4）借款事由：因为什么而借款。

（5）借款金额：借款的实际金额，大小写金额必须一致。

借款单需通过一定的审批流程后出纳人员才可付款，而不能依靠口头说明。不同企业的审批流程不一致，具体流程根据企业的具体情况设定。

### 2. 借款单完成审批

在借款单完成审批，且经出纳人员审核无误后，才可将现金支付给借款人，同时，要让借款人现场点清并签字确认。支付完款项后要在借款单上加盖"现金付讫"章，说明该款项已支付完毕，避免重复付款。

### 3. 现金借款的注意事项

在日常经营活动中，为了快速而顺利地开展业务，企业员工借支现金的需求和频率较高，如经常产生采购借款、出差借款、业务招待借款等情形。这些借支的现金经过审批后都将从出纳人员手中流出，如果借出现金频繁，而回收借款较为缓慢时，将会导致现金流量逐渐减少，从而会对企业正常经营造成一定的影响。所以，出纳人员要特别注意把好借款这一关口，做好记录，加强借款管理。下面介绍出纳人员管理现金借款的四个注意事项。

（1）审核借款权限。企业对于员工借款，通常会根据员工的职务规定不同的借款额度。那么员工在申请借款时，即使已经通过审批，出纳人员最后在支付现金之前也应当注意再次审查借款人的借款权限和借支现金的额度。

（2）坚持"前账不清，后账不借"原则。员工借款后如果长期不报销、不归还，那么记入"其他应收款"科目的个人往来金额就会越来越多，从而引起不必要的财税风险。因此，出纳人员要坚持"前账不清，后账不借"的原则，即每次借支现金之前注意审查借款人的前期借款是否已经清账。若尚未清账，应要求先结清前账再予以借支，特殊情况除外。

（3）离职员工与试用期员工的借款。对于离职员工，应要求结清借款后才可结算离职工资。而对于试用期员工，原则上不予借款，如确因工作需要，应当由部门主管、经理签署视同担保的意见书，报总经理核准后才可借款。

（4）定期清理借款。出纳人员对于借款和归还的往来事项应做好记录，而且应定期集中清理借款，将"其他应收款"的个人往来账款全部反映出来，以分析款项性质与未归还的原因，以便及时发现问题、解决问题。

### （二）报销支付

报销是企业日常经营过程中发生的以报销形式结算的各种业务，如差旅费、电话费、办公费、业务招待费等。

报销的流程如下。

#### 1. 报销人填写报销单

报销人填写报销单的内容应主要包括以下几项。

（1）报销日期：填写报销单时的日期。

（2）报销人：报销人姓名。

（3）所属部门：报销人所在部门。

（4）开支项目：报销的费用类型。

（5）报销金额：报销的实际金额，大小写金额必须一致。

#### 2. 将相关原始单据粘贴到报销单后

报销业务有原始单据的，如增值税普通发票、增值税专用发票、火车票、定额发票等，需将相关原始单据粘贴在报销单后，然后再将粘贴好的报销单和原始单据拿给相关负责人进行审批核查。

#### 3. 相关负责人审批

报销人应根据企业的财务制度的规定进行报销审批。不同企业的审批流程不同，一般情况下的审批流程包括部门负责人审核签字、财务负责人审核签字和企业负责人审批签字。

#### 4. 出纳付款

报销单据全部审批完成后，出纳人员在付款前需再次进行审核。审核内容包括原始单据的正确性、合理性、合法性，原始单据与报销单的报销内容是否一致、金额是否正确、相关审批是否符合规定。全部审核无误后，出纳人员即可付款。若在审核过程中发现问题，即使已经审批完成，出纳人员也有权拒绝付款。

### （三）货款支付

货款支付是出纳支付工作中最重要的一个环节，因为货款的正常支付会直接影响公司的正常经营， 而且货款支付往往单笔金额较大，一旦支付错误会给公司带来难以预计的损失，所以在支付货款的时候要慎之又慎。

货款支付的主要流程如下。

（1）申请人填写货款支付申请单，包括收款人名称、账号及开户行。

（2）经审批流程交付财务部。

（3）财务审核单据填写是否规范、支付款项金额是否属于合同范围，然后支付、盖章，最后将单据交给会计做账。

## 五、库存现金清查管理

库存现金清查是通过实地盘点库存现金，查明其实存数，然后将实存数与账存数进行核对，确定其是否一致，是否存在短缺的专项工作。

库存现金的清查包括人民币和各种外币的清查。出纳人员除每日结账后对其经管的现金进行清点外，为了加强对出纳工作的监督，及时发现可能发生的库存现金差错或丢失，防止贪污、盗窃、挪用公款等不法行为的发生，企业的财会部门还应设立专门的清查小组，对库存现金进行定期和不定期的清查。

库存现金清查采用实地盘点法。清查时，出纳人员必须在场，库存现金由出纳人员经手盘点，清查人员从旁监督。同时，清查人员还应认真审核库存现金收付凭证和有关账簿，检查财务处理是否合理合法、账簿记录有无错误，以确定账存数与实存数是否相符。

在库存现金盘点结束后，将现金盘点后的溢余与短缺情况及其原因如实填制库存现金盘点报告表，由盘点人员、出纳人员及其相关负责人签名盖章，并据以调整库存现金日记账的账面记录。同时，对盘点中出现的问题进一步审查，分析原因，并根据有关规定做出处理意见。

（1）对超限额保管的现金，应及时送存银行。

（2）对出现的溢余、短缺问题，应查明原因和责任。

（3）对尚未入账的符合财务制度规定的收、付凭证，应按规定及时入账，以保证会计信息的真实准确。

（4）对不符合财务制度规定的借条，应要求追回款项。

对于库存现金清查结果的处理可分为以下两种情况。

（1）审批之前的处理。根据库存现金盘点报告表等已经查实的数据资料，填制记账凭证，记入有关账簿，使账簿记录与实际盘存数相符，同时将处理建议报股东大会或董事会，或经理（厂长）会议或类似机构批准。

（2）审批之后的处理。企业清查的各种财产的损溢，应于期末前查明原因，并根据企业的管理权限，经股东大会或董事会，或经理（厂长）会议或类似机构批准后，在期末结账前处理完毕。企业应严格按照有关部门对财产清查结果提出的处理意见进行账务处理，填制有关记账凭证，登记有关账簿并追回由于责任者原因造成的财产损失。

## 六、现金盘亏、盘盈处理

出纳人员每日结束工作之前，都应对库存现金做一次“日清理”，即盘点实际库存现金，并与账面余额核对。若二者存在差异，应分别针对盘亏和盘盈的情况重点审查以下问题，并做账务处理。

### （一）盘亏，即实际现金余额小于账面余额

（1）是否存在“白条抵库”现象。

（2）是否存在坐支现金现象。

（3）是否有挪用公款的情况。

现金盘亏在查明原因前后应分别做以下账务处理。

（1）查明原因前：借记“待处理财产损溢——待处理流动资产损溢”，贷记“库存现金”。

（2）查明原因后：如果现金盘亏部分为实际支出（如购买办公用品），但是漏记日记账，应借记“管理费用”，贷记“待处理财产损溢——待处理流动资产损溢”。如果查明是现金遗失，应由相关责任人赔偿，在收到赔偿款前借记“其他应收款——个人赔偿”，贷记“待处理财产损溢——待处理流动资产损溢”；收到赔偿款后借记“库存现金”，贷记“其他应收款——个人赔偿”。

### （二）盘盈，即实际现金余额大于账面余额

（1）常为记账错误，应重新清点当日所有凭证，核对日记账并及时予以更正。

（2）是否存在应付而未付的款项。

现金盘盈在查明原因前后应分别做以下账务处理。

（1）查明原因前：借记“库存现金”，贷记“待处理财产损溢——待处理流动资产损溢”。

（2）查明原因后：如果现金盘盈部分为个人应付而未付的款项，应借记“待处理财产损溢——待处理流动资产损溢”，贷记“其他应付款——个人往来”；若未付款项因特殊原因确认不能支付，应贷记“营业外收入”科目。

CHAPTER 5

# 第五章 出纳核心业务——银行账户管理

银行账户是企业和个人为了办理相关银行业务在银行开立的账户。在我国，凡国家机关、团体、部队、学校及企事业单位，均须在银行开立账户。同时，企业大部分现金都必须按照相关规定存入银行，出纳人员除管好库存现金外，更多时候需要办理银行业务。熟悉银行业务是从事出纳工作的基本要求之一，也是出纳人员应当重点学习和全面掌握的核心业务之一。下面就介绍企业银行账户管理的相关内容，包括有关基本法规，银行账户的种类，如何办理银行账户的开立、变更、撤销、合并、迁移等。



## 一、银行账户概述

银行既为企业保管资金，同时又与其他相关部门共同监督企业资金的使用情况。国家对于银行账户管理制定了具体法规和操作规范。

### （一）银行账户的种类

按照国家相关规定，独立核算的单位必须在当地银行开设独立的银行账户。根据《中国人民银行结算办法》的规定，除在规定的范围内可以用现金支付的款项外，其余的现金收付业务均需通过银行账户结算，并遵守中国人民银行颁布的《人民币银行账户管理办法》的各项规定。因此，企业只有在开办之初就开立银行账户，才能开展后续经营活动。银行账户根据结算需要和作用的不同，分为基本存款账户、一般存款账户、临时存款账户、专用存款账户四种。具体介绍如表 5-1 所示。

表5-1 银行账户种类的介绍

| 序号 | 银行账户种类 | 基本概念及用途 | 特点 |
|---|---|---|---|
| 1 | 基本存款账户 | 这是企业办理日常转账结算和现金收付的主办账户；<br>企业经营活动中的日常资金收付，以及工资、奖金和现金的支取均可通过该账户办理 | 存款人必须且只能选择一家银行申请开立一个基本存款账户；<br>其他银行结算账户的开立必须以基本存款账户的开立为前提 |
| 2 | 一般存款账户 | 这是企业因借款或其他结算需要，在基本存款账户开户银行以外的银行营业机构开立的银行结算账户；<br>主要用于办理企业借款转存、借款归还和其他结算的资金收付 | 可以办理现金缴存，但不得办理现金支取 |
| 3 | 临时存款账户 | 这是存款人因临时需要并在规定期限内使用而开立的银行结算账户；<br>企业在异地开展临时经营活动时，即可申请开立异地临时存款账户，用于资金的收付 | 只能在驻地开立一个临时存款账户，不得开立其他银行结算账户；<br>建筑施工及安装企业在异地同时承建多个项目的，可以根据项目合同个数（不得超过）开立临时存款账户；<br>临时存款账户的有效期最长不得超过2年 |
| 4 | 专用存款账户 | 这是企业按照法律、行政法规和规章，对其特定用途资金进行专项管理和使用而开立的银行结算账户 | 只能专款专用并专项管理，可以转账结算和现金收付 |

在以上四类上银行账户中，基本存款账户、临时存款账户、专用存款账户（指预算单位和中国人民银行另有规定的专用存款账户）为核准类账户，即必须经过中国人民银行审核批准后才可开立的银行存款账户；而一般存款账户、专用存款账户（非预算单位）为备案类账户，即只需人民币银行结算账户管理系统向中国人民银行营业管理部备案即可，无须通过中国人民银行审核批准（个人银行结算账户也是备案类账户）。

### （二）账户管理模式简介

银行账户管理模式主要是针对集团性企业而建立的科学管理模式，主要目的是逐渐减少成员企业不必要的银行账户，把闲置的资金集中在主要银行账户下。这样既能有效地避免企业资金浪费，又有利于集团总部监控成员企业的资金使用情况，避免造成企业决策信息不对称、不准确、不充分、不及时的局面。企业根据自身经营模式和规模大小，一般选择采用的银行账户管理模式通常有收支两条线模式、二级账户联动模式及财务管理集中模式三种。

### 1. 收支两条线模式

收支两条线模式是指具有执法职能的行政事业单位，根据国家法律、法规和规章收取的行政事业性收费（含）和罚没收入，实行收入与支出两条线管理。收到的款项需要上缴财政专户，单位支出预算需申请财政审批后才可拨款。

企业达到一定规模时可借鉴采用收支两条线管理模式。其管理要点如下。

（1）集团企业下属分（子）公司在集团指定的银行开立两个独立的银行账户。

（2）一个账户专门用于对外收款，并与银行协定该银行账户只允许办理收入款项的结算，不允许对企业集团以外的银行账户办理支付结算业务。

（3）另一个账户则只允许办理对外支付款项结算，不允许对企业集团以外的银行账户办理收入结算业务。

（4）下属分（子）公司收入结算账户余额定时划转至集团总账户。

（5）每月下属分（子）公司上报资金预算到集团总部，集团总部资金管理部根据资金预算逐笔或一次性将需要支出的资金划转到下属分（子）公司的支出结算账户。

### 2. 二级账户联动模式

二级账户联动模式即企业集团总部和下属分（子）公司开立的银行账户分别为一级账户和二级账户。两者之间的关系是：一级账户是二级账户的上级，可查询下属分（子）公司的二级账户资金收付款明细并对各分（子）公司的资金集中管控；二级账户是一级账户的明细账户，可以独立办理收付款业务。

### 3. 财务管理集中模式

财务管理集中模式是指建立在企业（集团、公司）整体管理框架之内，为实现企业（集团、公司）总体财务目标而设计的财务管理模式、管理机构及组织分工等要素有机结合的一种管理模式。从我国大中型集团企业的资金管理实践来看，目前应用较为广泛的财务管理集中模式多为结算中心和财务公司两种模式。

（1）结算中心。结算中心是由集团企业或控股公司内部设立的，统一办理企业内部下属分（子）公司资金收付及往来结算，有利于运筹，是以降低资金成本、提高资金使用效率为目的的内部资金管理机构，也是企业的一个独立运行的职能机构，其业务主要涵盖资金管理、融资、结算、风险控制、运作和计划等。

（2）财务公司。财务公司主要由大型集团企业投资成立，是专门为集团提供金融服务，并经营部分银行业务的非银行金融机构。财务公司借鉴商业银行的做法，主要经营联合贷款、报销债券、不动产抵押、外汇、财务及投资咨询等业务，主要目的在于吸收集团企业下属企业存款，实现集团各内部成员单位间资金转账，从而达到加速资金流动、减少资金占有、提高资金使用效益的目的。

## 二、银行账户开立

每个单位都必须开立银行账户，由于不同类型的银行账户有着各自不同的功能和作用，因此账户的开立资格、相关手续、开立流程和审核程序必然也不相同。下面分别介绍开立不同类型银行账户的条件和流程。出纳人员通过学习，可以预先了解各种银行账户的开立条件、开户资料、具体程序等基本内容，在实际办理业务时才会心中有数，便于顺利完成银行账户开立工作。

### （一）银行账户开立资格

开立基本存款账户是企业开立其他银行账户的前提，因此，具备开立基本存款账户资格的存款人同时也具备其他银行账户的开立资格。根据《人民币银行结算账户管理办法》的规定，下列存款人可以申请开立基本存款账户。

（1）企业法人。

（2）非法人企业。

（3）机关和实行预算管理的事业单位。

（4）团级（含）以上军队、武警部队及分散执勤的支（分）队。

（5）社会团体。

（6）民办非企业组织。

（7）异地常设机构。

（8）外国驻华机构。

（9）个体工商户。

（10）居民委员会、村民委员会、社区委员会。

（11）单位设立的独立核算的附属机构。

（12）其他组织。

通过罗列的允许开立基本存款账户的规定，事实上涵盖了所有具有民事行为能力和民事权利能力，依法独立享有民事权利和承担民事责任的法人和其他组织，同时还包括具有独立核算资格、有自主办理资金结算需要的机构、个体工商户、附属机构等。

### （二）银行账户的开立流程

由于基本存款账户是企业开立其他账户的前提，只有开立了基本存款账户，才能开立其他账户，因此，基本存款账户的开立要求自然比其他账户更严格，流程也更细化和规范化。下面重点介绍基本存款账户的开立要求、证明文件、开户资料及开户程序，并简要介绍其他三种银行账户的开立流程。

### 1. 开立基本存款账户

企业应当在取得营业执照、税务报到落户、刻制必备名章之后尽快选择开户银行，办理基本存款证明文件账户开户手续，以便顺利开展经营业务。

（1）提交证明文件。企业应根据企业注册所在地就近选择商业银行网点，并根据存款人性质向开户行提交证明文件（见表 5-2）。

**表5–2　不同性质存款人开立基本存款账户需提交的证明文件**

| 序号 | 存款人性质 | 需提交的证明文件 |
| --- | --- | --- |
| 1 | 企业法人 | 企业法人营业执照正本 |
| 2 | 非法人企业 | 企业营业执照正本 |
| 3 | 机关和实行预算管理的事业单位 | 政府人事部门或编制委员会的批文或登记证书和财政部门同意其开户的证明；<br>非预算管理的事业单位，出具政府人事部门或编制委员会的批文或登记证书 |
| 4 | 团级（含）以上军队、武警部队及分散执勤的支（分）队 | 军队军级以上单位财务部门、武警总队财务部门的开户证明 |
| 5 | 社会团体 | 社会团体登记证书；<br>宗教组织还应出具宗教事务管理部门的批文或证明 |
| 6 | 民办非企业组织 | 民办非企业登记证书 |
| 7 | 异地常设机构 | 驻地政府主管部门的批文 |
| 8 | 外国驻华机构 | 国家有关主管部门的批文或证明；<br>外资企业驻华代表处、办事处应出具国家登记机关颁发的登记证书 |
| 9 | 个体工商户 | 个体工商户营业执照正本 |
| 10 | 居民委员会、村民委员会、社区委员会 | 主管部门的批文或证明 |
| 11 | 单位设立的独立核算的附属机构 | 主管部门的基本存款账户开户登记证明和批文 |
| 12 | 其他组织 | 政府主管部门的批文和证明 |

（2）准备资料。

①除营业执照原件外，还需准备复印件并加盖公章。

②法定代表人或机构负责人的身份证原件及复印件。

③经办人身份证原件和复印件。

④授权委托书。

授权委托书是指开户单位法定代表人（或负责人）委托并授权经办人代表企业办理银行开户事宜的书面证明文件，主要内容及通用格式如图 5-1 所示。

**授权委托书**

××银行××支行：

兹授权　　　　同志（身份证号码　　　　　　　　　　）代表本人为我单位在贵行办理账户开立事宜。

本人承诺所提供证明材料真实有效，该代理人在办理上授权事项时所产生的民事责任由本单位承担。

授权单位（签章）：

法定代表人（签章）：

签发日期：　　年　月　日

说明：1.委托书不可以转让。

2.委托书内容涂改无效。

3.委托代理期限随办理事项结束而失效。

**图5-1　授权委托书模板**

⑤开户单位公章，单位负责人或财务机构负责人名章、出纳人员的名章。

(3) 开户程序。如图 5-2 所示，在准备好以上证明文件、资料和印章后，即可前往银行办理基本存款账户开户手续，经开户银行审核同意即可开立账户。银行账户在开立之日即可办理收付款业务。

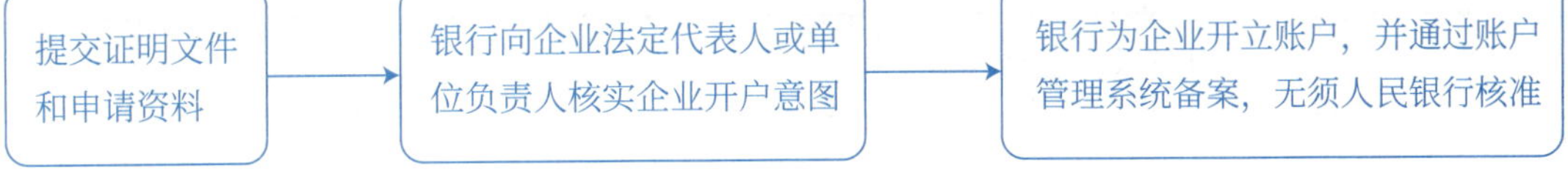


**图5-2　基本存款账户的开户程序**

需要注意的是，银行印鉴卡（见表 5-3）中所填内容与预留印模用于银行办理结算业务时，银行会对比审核支付凭证上加盖的印章的真伪。如果二者不符，为保障开户单位的资金安全，银行有权拒绝办理付款业务，所以，它是具有法律效力的付款依据。因此，在填写户名时不得填入简称，必须与单位名称完全一致。盖章预留印模也应当完整清晰。

表5-3 银行印鉴卡

| 银行印鉴卡（正面） | |
|---|---|
| 单位全称: | 账户: |
| 地址: | 邮编: |
| E-mail: | |
| 联系人: | 电话: |
| 印模:<br>加盖公章、单位负责人或财务机构负责人名章、出纳人员名章 | |

注：①根据《中国人民银行令》〔2019〕第1号规定，将于2019年2月25日起，在全国范围内分批取消企业银行账户许可，2019年年底前实现完全取消。

②基本存款账户开立后，可同时申请开通网上银行，便于高效办理日常业务。开通程序非常简便，填写《银行专属服务开通申请书》→银行审批后发放网银盾→将网银盾插入电脑并安装网银客户端→登录后根据提示进行初始化设置即可使用。



### 2. 开立一般存款账户

一般存款账户是企业因借款或其他结算需要，在基本存款账户开户银行以外的银行营业机构开立的银行结算账户。一般存款账户没有数量限制，存款人可以开立一个或数个一般存款账户，但不得在同一家银行的几个分支机构同时开立一般存款账户。同时，开立账户之前还应当明确如表5-4所示的两种“可以”开立的情形和两个“不能”的规定。

表5-4 开立一般存款账户的说明

| 两种“可以”开立的情形 | 两个“不能”的规定 |
|---|---|
| 存款人在基本存款账户以外的银行取得借款的，可以开立一般存款账户；<br>与基本存款账户的存款人不在同一地点的附属非独立核算单位的，可以开立一般存款账户 | 不能在基本存款账户的开户银行开立；<br>不能办理现金支取业务 |

下面简要介绍一般存款账户的开户程序。

(1) 填写开户申请书。

(2) 向开户银行出具以下证明文件。

①开立基本存款账户规定的证明文件。

②存款人在其他银行取得借款的，必须出具借款合同或借款凭据。

③存款人有其他结算需要的，应出具相关证明。

④存款人是外地非独立附属单位的，必须出具基本存款账户的存款人同意其开户的证明。

(3) 填写银行印鉴卡，预留印章印模。

(4) 银行审核批准后正式开立一般存款账户。

一般存款账户实行备案制，无须中国人民银行核准即可开立，但必须按照以下规定进行备案。

(1) 在基本存款账户开户登记证上登记一般存款账户的名称、账号、账户性质、开户银行、开户日期等签章，并于开户之日起 5 个工作日向中国人民银行当地分（支）行备案。

(2) 自开立一般存款账户之日起 3 个工作日内书面通知其基本存款账户的开户银行。

### 3. 开立临时存款账户

临时存款账户是存款人因临时经营活动需要开立的账户。存款人可以通过本账户办理转账结算和根据国家现金管理的规定办理现金收付业务。临时存款账户的有效期一般最长不得超过 2 年。

(1) 开户要求与证明文件。根据规定，存款人发生以下情况时可以申请开立临时存款账户，并提供相关证明文件。

①外地设立临时机构的（如工程施工部、临时办事处等），出具其驻地主管部门同意设立临时机构的批文。

②开展临时经营活动的单位，出具营业执照正本及临时经营地工商行政管理部门的批文。建筑施工及安装单位出具营业执照正本或其隶属单位的营业执照正本，以及施工及安装地建设主管部门核发的许可证和建筑施工及安装合同。

(2) 开户程序。临时存款账户实行核准制，办理开户手续前应通过中国人民银行当地分（支）行核准，核准程序与基本存款账户相同。其开户程序如图 5-3 所示。

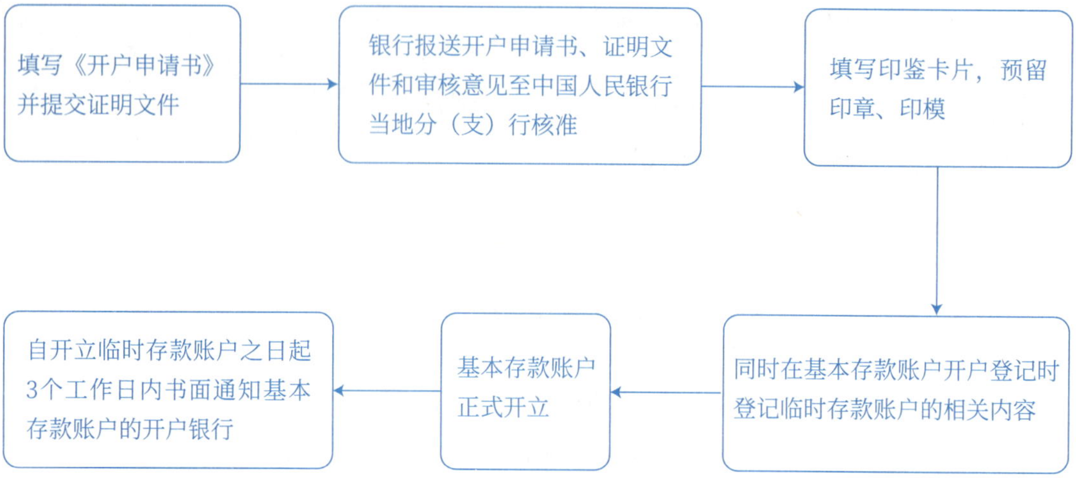


**图5-3　临时存款账户的开户程序**

### 4. 开立专用存款账户

专用存款账户是指存款人因特定需要开立的账户，其中款项只能用于特定的用途。特定用途的资金范围包括基本建设资金、更新改造资金、特定用途及其他需要专项管理和使用的资金。存款人申请开立专用存款账户，应向开户银行出具有关部门批准立项的文件或国家有关文件的规定和证明文件。

（1）适用资金对象和专门证明文件。除上述规定的特定用途的资金范围和所需证明文件外，开立专用存款账户的具体适用资金对象与向开户银行和中国人民银行出具的相关专门证明文件如表 5-5 所示。

**表5-5　开立专用存款账户的适用资金对象与应出具的申办证明文件**

<table>
<tr><th>序号</th><th>适用资金对象</th><th>应出具的申办证明文件</th></tr>
<tr><td>1</td><td>基本建设资金</td><td rowspan="6">出具主管部门批文</td></tr>
<tr><td>2</td><td>更新改造资金</td></tr>
<tr><td>3</td><td>政策性房地产开发资金</td></tr>
<tr><td>4</td><td>住房基金</td></tr>
<tr><td>5</td><td>社会保障基金</td></tr>
<tr><td>6</td><td>粮、棉、油收购资金</td></tr>
<tr><td>7</td><td>财政预算外资金</td><td>出具财政部门的证明</td></tr>
</table>

第五章

续表

| 序号 | 适用资金对象 | 应出具的申办证明文件 |
|---|---|---|
| 8 | 单位银行卡备用金 | 按照中国人民银行批准的银行卡章程的规定出具有关证明和资料 |
| 9 | 证券交易结算资金 | 出具证券公司或证券管理部门的证明 |
| 10 | 期货交易保证金 | 出具期货公司或期货管理部门的证明 |
| 11 | 金融机构存放同业资金 | 出具金融机构证明 |
| 12 | 收入汇缴资金和业务支出资金 | 出具基本存款账户存款人有关的证明 |
| 13 | 党、团、工会设在单位的组织机构经费 | 出具该单位或有关部门的批文或证明 |
| 14 | 住房基金 | 出具有关法规、规章或政府部门的有关文件 |
| 15 | 社会保障基金 | |
| 16 | 其他按规定需要专项管理和使用的资金 | |
| 17 | 纳入专用存款账户管理的合格境外机构投资境内从事证券投资开立的人民币特殊账户和人民币结算资金账户 | 开立人民币特殊账户时应出具国家外汇管理部门的批复文件；<br>开立人民币结算资金账户时应出具证券管理部门的证券投资业务许可证 |

除表 5-5 所列示的证明文件外，需要同时向中国人民银行出具的其他证明文件还包括开立基本存款账户规定的证明文件。

（2）专用存款现金收付规定。在专用存款账户资金中，单位银行卡备用金账户的资金必须由其基本存款账户转账存入，不得办理现金收付业务。其他专用存款账户原则上也不得支取现金，但以下账户允许在开户时在中国人民银行当地分（支）行批准的范围内办理现金支取：基本建设资金、更新改造资金、政策性房地产开发资金、金融机构存放同业资金。而粮、棉、油收购资金，社会保障基金，住房基金和党、团、工会设在单位的组织机构费用等专用账户的现金支取应严格照国家现金管理的规定办理。另外，人民币特殊账户资金不得用于放款或提供担保。

（3）专用存款账户开户程序。专用存款账户的开户程序与临时存款账户相同。

## 三、银行账户的变动

在日常经营过程中，企业的实际经营情况必然会发生变化，如人员变动、经营注册地址迁移、经营规模变化等。因此，企业的银行账户自然也会随之做出相应的变动。下面介绍银行账户发生变动时必须办理的相关业务，包括银行账户的变更、合并、迁移及撤销。

### （一）银行账户的变更

企业银行账户变更一般是指当企业以下信息发生改变后，必须办理相应的银行账户变更手续。

#### 1. 企业名称变更

企业名称变更的，需要同时变更银行账户名称。其办理程序为：向银行提交变更申请→填写印鉴更换申请书→预留新的财务专用章印模→更改银行账户名称。

#### 2. 企业人员变动

企业人员变动的，如果仅变动企业法定代表人或财务机构负责人、出纳人员，则只需要变更预留印鉴即可。其办理程序为：填写更换印鉴申请书，并出具相关证明→注销原印鉴卡片→重新填写印鉴卡片，预留新的相关人员的名章、印模。

#### 3. 企业性质改变

企业性质改变的，需要变更银行账号及开户许可证，应将原账户撤销，并按照基本存款账户开立程序重新开立账户。

### （二）银行账户的撤销与合并

企业因机构调整、合并、撤销、停业等原因，需要撤销、合并银行账户的，应向银行提出申请，经银行同意后，首先应做好以下准备工作，再根据银行要求办理撤销或合并账户的手续。

与开户银行核对存贷款账户的余额并结算全部利息→全部核对无误后开出支取凭证结清余额→将未使用完的空白凭证（如空白支票等）交予银行注销。

### （三）银行账户的迁移

银行账户的迁移一般是在企业经营场所发生变化后，为了便于银行业务的正常开展，向原开户银行申请办理的银行账户迁移手续。

迁入、迁出在同城的，可由迁出行出具证明，存款人凭证明文件到迁入行开立新户。

迁往异地城市的，应按规定在迁入银行重新办理开户手续，原账户可暂时保留。在搬迁过程中，如有需要可申请原开户银行暂时保留原账户，搬迁结束并在当地恢复经营活动后，则应在一个月内到原开户银行结清原账户。

## 四、银行询证函

日常工作中，无论企业是在内部各部门之间协调工作，还是对外开展经营业务，都需要使用各种公函进行沟通与交涉，银行当然也不例外。而出纳人员的日常工作内容之一就是与银行打交道，因此出纳人员对银行相关的常用函件也应当预先了解、学习并掌握，才能在实际操作时顺利地完成工作任务。

### （一）询证函的分类

询证是财务审计中一种常用的工作程序和方法，包括查询和函证两个内容。查询是审计人员对有关人员进行书面或口头询问，以获审计证据的方法；函证是审计人员为印证被审计单位会计记录所载事项而向第三者发函询证的一种方法。

根据被询证对象不同，询证函主要分为以下几种。

#### 1. 银行询证函

银行询证函是指审计人员在执行审计的过程中，以被审计单位的名义向其开户银行发出的，用以检查该单位在资产负债表日银行存款的余额、借款、投资人或股东出资情况，以及担保、承诺、信用证、保函等其他事项等是否真实、合法、完整的询证性书面文件。

完整的银行询证函一般包括：存款、借款、销户情况、委托存款、委托贷款、担保、承兑汇票、贴现票据、托收票据、信用证、外汇合约、存托证券及其他重大事项。

金融机构应当按照财政部、中国人民银行有关文件要求做出确证答复，并注意如下要点。①分清银行余额的询证和银行发生额的询证。②正确签章。发函方应该签署公章；复函方应根据实际情况分别在“数据证明无误”“数据不符及需加说明事项”处签署单位公章，并由经办人员签名或盖章。③发函方应如实填写，复函方应及时回复。④注意银行询证范围。⑤询证程序要恰当。⑥询证工作底稿要齐备。

#### 2. 企业询证函

这是审计人员向被审计单位的债权人和债务人发出的询证函，用以检查被审计单位特定日期债权或债务存在的真实性。企业询证函的内容通常包括双方截止于特定日期前的往来款项余额。

#### 3. 律师询证函

这是审计人员向为被审计单位提供法律服务的律师及其所在的律师事务所发出的询证函，用以检查被审计单位在特定日期是否存在任何未决诉讼及其可能产生的影响及律师费的结算。

#### 4. 其他询证函

这是审计人员向其他机构如保险公司、证券交易所或政府部门发出的询证函，用以检查被审计者的保险合同条款，所持有的可流通证券或注册资本情况等信息。

### （二）通用格式和基本内容

一份完整的银行询证函的内容一般包括存款、借款、销户情况，委托存款、委托贷款、担保、承兑汇票、贴现票据、托收票据、信用证、外汇合约、存托证券及其他重大事项。下面列示一般银行询证函的基本内容与格式。此份银行询证函共列 14 项信息，因篇幅有限，仅列示第 1 页与最末页，中间第 2—12 项信息的格式与已列信息格式一致。如图 5-4、图 5-5 所示。

审计业务银行询证函

编号：××××××

中国××银行××支（分）行：

本公司聘请的上海 ×× 会计师事务所有限公司正在对本公司_____年度（或期间）的财务报表进行审计，按照中国注册会计师审计准则的要求，应询证本公司与贵行相关的信息。下列第 1—14 项信息出自本公司的记录。

如与贵行记录相符，请在本函“结论”部分签字、签章；

如有不符，请在本函“结论”部分列明不符项目及具体内容，并签字、签章。

本公司谨授权贵行将回函直接寄至上海 ×× 会计师事务所有限公司，地址及联系方式如下。

回函地址：_____市_____区_____路_____号_____栋_____室

联系人：　　　　电话：　　　　邮编：

电子邮箱：

本公司谨授权贵行从本公司 ×× 账户支出办理本询证函回函服务的费用。

截至____年___月___日，本公司与贵行相关的信息列示如下。

1. 银行存款

| 账户名称 | 银行账号 | 币种 | 利率 | 账户类型 | 余额 | 起止日期 | 是否用于担保或存在其他使用限制 | 备注 |
|---|---|---|---|---|---|---|---|---|
| | | | | | | | | |
| | | | | | | | | |

除上述列示的银行存款外，本公司并无在贵行的其他存款。

注：“起止日期”一栏仅适用于定期存款，如为活期或保证金存款，可只填写“活期”或“保证金”字样；“账户类型”列明账户性质，如基本存款账户、一般存款账户等。

**图5-4　银行询证函首页**

2. 银行借款

| 账户名称 | 银行账号 | 币种 | 余额 | 借款日期 | 到期日期 | 利率 | 抵（质）押品 / 担保人 | 备注 |
|---|---|---|---|---|---|---|---|---|
| | | | | | | | | |
| | | | | | | | | |

除上述列示的银行借款外，本公司并无自贵行的其他借款。

注：如存在本金或利息逾期未付行为，请在“备注”栏中予以说明。

本公司购买的由贵行发行的未到期银行理财产品如下表所列。

| 产品名称 | 产品类型 | 认购金额 | 购买日 | 到期日 | 币种 |
|---|---|---|---|---|---|
| | | | | | |

除上述列示的银行理财产品外，本公司并未购买其他由贵行发行的理财产品。

| 其他: |
|---|

注：此项应填列注册会计师认为重大且应予函证的其他事项，如欠银行的其他负债或者除外汇买卖的其他衍生交易、贵金属交易等。

（预留印鉴）

年　月　日

经办人:

职　务:

电　话:

图5-5　银行询证函末页

CHAPTER 6

# 第六章 出纳核心业务——银行结算业务



在实际工作中，对于绝大多数企业而言，开立银行账户的主要目的和作用是办理日常经营活动中发生的往来结算业务，尽量减少现金交易，以避免因现金结算而引起的各种不可预测的风险甚至损失。

## 一、银行结算概述

银行是社会经济活动中清算资金的中介，它通过结算单位银行账户资金的转移来实现资金的收入和支付。银行接受客户委托代收代付，从付款单位的存款账户划出款项，转入收款单位的存款账户，以此完成结算单位之间债权债务的清算或资金的调拨。

下面介绍银行结算的基础知识，包括银行结算方式的分类及其基本概念、银行结算起点、银行结算凭证、银行结算费用等内容。

### （一）银行结算方式

目前我国银行结算方式主要分为三大类：票据结算、委托结算和信用结算。每一大类结算方式均包含不同的细类，具体分类及其基本概念如表 6-1 所示。

**表6-1　银行结算方式的类别及基本概念**

| 银行结算基本分类 | | 基本概念 |
| --- | --- | --- |
| 票据结算 | 银行汇票 | 此为汇款人将款项存入出票银行，再由出票银行签发的，由其在见票时按照实际结算金额无条件支付给收款人或者持票人的票据 |

续表

| 银行结算基本分类 | | 基本概念 |
|---|---|---|
| 票据结算 | 商业汇票 | 此为由出票人签发的，委托付款人在指定日期无条件支付确定的金额给收款人或持票人的票据；<br>商业汇票按承兑人不同可分为商业承兑汇票与银行承兑汇票 |
| | 银行本票 | 此为申请人将款项交存银行，由银行签发承诺在见票时无条件支付确定的金额给收款人或持票人的票据；<br>银行本票按金额是否固定可分为定额银行本票和不定额银行本票 |
| | 支票 | 此为由出票人签发的，委托办理支票存款业务的银行或者其他金融机构在见票时无条件支付确定的金额给收款人或持票人的票据；<br>支票一般可分为现金支票、转账支票和普通支票三种 |
| 委托结算 | 汇兑 | 此为汇款人委托银行将款项汇给异地收款人的结算方式；<br>汇兑分为信汇和电汇两种方式 |
| | 委托收款 | 此为收款人委托银行向付款人收取款项的结算方式 |
| | 托收承付 | 此为销货单位根据购销合同，由收款人发货后委托银行向异地购货单位收取货款，付款人根据合同对单或验货后，向银行承认付款的结算方式 |
| 信用结算 | 信用卡 | 此为由商业银行签发或专营机构签发的，在约定银行或单位办理存取现金、购货及支付劳务报酬等业务事项的一种信用凭证 |
| | 信用证 | 此为国际结算的主要方式之一，是银行根据买方（进口人）的请求，开具给卖方（出口人）的一种保证承担支付货款责任的书面凭证 |

### （二）银行结算起点

银行结算起点是指银行办理转账结算的最低金额，不足结算起点金额的资金收付，通常使用库存现金进行结算，银行不予以办理转账结算。银行结算起点不能过低或过高。如果结算起点过低，会增加银行的业务量，给银行结算造成巨大的压力；如果结起点过高，则会扩大现金结算的范围，对国家合理控制现金流量造成一定的阻碍。因此，为了有效地控制现金结算，同时也为保证各单位之间资金收付和经济往来的正常运行，国家对银行汇票、银行本票、托收承付三种结算方式规定了不同的结算起点，具体金额如表 6-2 所示。

**表6–2 银行结算起点**

| 银行结算方式 | | 结算起点金额 |
|---|---|---|
| 银行汇票 | | 500 元 |
| 银行本票 | 定额银行本票 | 定额面额包括 1 000 元、5 000 元、10 000 元、50 000 元 |
| | 不定额银行本票 | 100 元 |
| 托收承付 | 普通托收承付 | 10 000 元 |
| | 新华书店系统 | 1 000 元 |

说明：其他结算方式未规定结算起点。



### （三）结算凭证与银行单据

银行结算凭证是办理结算业务的重要依据，是记录经济业务、结算资金、明确经济责任的书面证明。例如，采用票据结算方式进行结算的票据即是结算凭证。最常见的银行结算凭证是银行回执单，简称回单。每发生一笔结算业务，银行就会出具一份回执单。银行回执单包括收款回单、付款回单、利息收入回单、付费回单及银行代单位收款回单等（如代税务局收取税费）。

银行单据在这里是指银行对账单，它是银行与企业核对资金，并证实企业业务往来的单据，也可以作为银行和企业之间对资金流转情况进行核对和确认的凭证与依据。银行对账单最重要的作用是可以分析和认定该企业某一时段的资金规模。因此，银行对账单具有客观性、真实性、全面性等基本特征。

### （四）银行结算收费及账务处理

银行为企业等办理资金结算服务，按规定收取一定的费用。银行结算收费的种类包括以下三种。

（1）凭证工本费，如银行对账单、银行回执单打印费、结算卡费等。

（2）手续费，通常支付一笔费用即产生一笔手续费。

（3）邮电费，与手续费一起收取。

以上费用在会计处理时应记入“财务费用”科目。

此外，企业办理结算业务应当遵守银行结算的相关规定，如有违反，银行可按规定向客户收取罚款。企业可向银行缴纳的罚款在会计处理账务时应记入“营业外支出”科目。

【例题】A 公司于 202× 年 1 月 8 日向开户银行缴纳上年全年银行对账单、银行回执单打印费用共 200 元。同时向 B 公司转账支付货款 10 000 元，产生手续费 5 元。相应会计分录如下。

借：财务费用——工本费　　200

　　贷：库存现金　　200

借：应付账款——B 公司　　10 000

　　贷：银行存款——×× 银行 ×× 支行　　10 000

借：财务费用——手续费　　5

　　贷：银行存款——×× 银行 ×× 支行　　5

【例题】A 公司 202× 年 4 月违反银行结算相关规定，被开户银行罚款 2 000 元，该款项直接从 A 公司结算账户中扣除。相应会计分录如下。

借：营业外支出——银行罚款　　2 000

　　贷：银行存款——×× 银行 ×× 支行　　2 000



## 二、银行票据结算

银行票据结算是银行三大类结算方式中最重要的一种。票据是指依据《中华人民共和国票据法》的规定，由出票人依法签发、约定自己或委托付款人在见票时或指定的日期向收款人或持票人无条件支付一定金额并可转让的有价证券。下面主要介绍关于票据行为的概念、票据填写要求，以及四种银行票据——银行汇票、商业汇票、银行本票、支票的相关内容。

### （一）票据行为

票据行为是以票据权利、义务的设立及变更为目的的法律行为。广义的票据行为是指票据权利、义务的创设、转让和解除等行为，包括出票、背书、承兑、保证、参加承兑付款、参加付款、追索等行为。狭义的票据行业专指以设立票据债务为目的的行为，只包括出票、背书、承兑、保证、参加承兑、保付六种，不包括解除票据债务的付款、参加付款、追索等。通常情况下所指的票据行为是狭义的票据行为（见表 6-3）。

**表6-3　狭义票据行为的概念及含义**

| 序号 | 票据行为 | 概念及含义 |
| --- | --- | --- |
| 1 | 出票 | 出票人签发票据并将其交付给收款人的行为，是票据关系产生的基础。具体来说，就是出票人在银行票据填写内容并签章后，将票据交付给收款人 |

续表

| 序号 | 票据行为 | 概念及含义 |
|---|---|---|
| 2 | 背书 | 持票人为将票据权利转让给他人或将一定的票据权利授予他人行使，而在票据背面或者粘贴单上记载有关事项并签章的行为 |
| 3 | 承兑 | 持票人在汇票到期之前，要求付款人在该汇票上做上到期付款的记载。承兑行为是承兑汇票特有的票据行为 |
| 4 | 保证 | 票据债权人和债务人以外的第三方为担保票据债务的履行，以承担同一内容的票据债务为目的的一种票据行为，也就是一种担保行为 |
| 5 | 参加承兑 | 票据上注明的预备付款人或第三人为特定票据债务人的利益，代替承兑人行使承兑权，以阻止持票人于到期日前行使追索权的一种附属的票据行为。一般在汇票得不到承兑、付款人或承兑人走逃、死亡或其他原因无法承兑或被宣告破产的情况下才会发生参加承兑的行为 |
| 6 | 保付 | 这是一种绝对付款承诺，适用于支票。只要付款人在支票上注明了“保付”戳记，便负有绝对付款责任 |



### （二）票据填写要求

为了确保资金安全，避免票据被窜改或让不法分子有可乘之机，出纳人员无论填写哪一种银行票据，都应当遵循规范性要求。实际上票据填写要求也就是出纳人员必须掌握的基本书写规范。出纳人员在填写银行票据时需要特别注意以下几点基本的规范性要求。

（1）金额大、小写一致，不得涂改。

（2）对于大写金额一律用正楷或行书书写，同时要注意小写金额不得连笔写。

（3）大写金额前面不留下空白。中文大写金额前应标明“人民币”字样，票据大写金额前未印有“人民币”字样的，在填写时应在大写金额前填写“人民币”字样。

（4）金额大写后面加“整”字。具体可参见第二章第三点财务书写规范的详细内容。

（5）金额小写前加“¥”符号封头，默认书写至小数点后两位，如果金额没有角位和分位，务必添“0”补位，不得简化留空。例如，12 860 元的小写金额应书写为“12 860.00”。

（6）填写出票日期的基本规范要求：出票日期应当用大写数字填写。在填写月、日时，若当月份为 1、2、10，日期为 1—9、10、20、30 的，应在大写汉字前加“零”字；月份为 11 和 12、日期为 11—19 的，应在其大写的汉字前加“壹”字。例如，2 月 18 日应写为“零贰月壹拾捌日”，12 月 30 日应写为“壹拾贰月零叁拾日”。

### （三）银行汇票

银行汇票是指由出票银行签发的，由其在见票时按照实际结算金额无条件付给收款人或者持票人的票据。银行汇票的出票人为银行，提示付款日期为自出票日起 1 个月。一般适用于办理异地转账结算和支取现金。

#### 1. 银行汇票的特点和优势

相比较其他票据结算方式，银行汇票结算方式具有以下特点和优势。

（1）适用范围广。银行汇票结算方式适用于所有人、单位和组织，无论他们是否在银行开立账户，需要在异地进行商品交易、劳务供应和进行其他经济活动（如债权债务的结算），都可以采用银行汇票结算。而且，银行汇票既可以转账结算，又可以支取现金。

（2）票随人走，钱货两清。购货单位交款，银行开票，票随人走；购货单位购货交票，销货单位验票发货，一手交票，一手交货，银行见票付款。这样可以简化不必要的结算环节，缩短结算资金的在途时间，有利于购销活动的顺利进行。

（3）信用度高，安全可靠。银行汇票是银行在收到汇款人款项后签发的支付凭证，具有较高的信誉。银行见票无条件支付，收款人持有票据，即可安全及时地到银行支取款项。

（4）使用灵活，适应性强。银行汇票的持票人可以将银行汇票背书转让给其他单位，有利于购货单位在市场上灵活地采购物资。

（5）结算准确，余款自动退回。在汇票的汇款金额之内的，可根据实际采购金额办理支付，多余款项将由银行自动退回。

#### 2. 银行汇票的内容

银行汇票一式四联，各联次的用途分别如下。

第一联：卡片联，在承兑行支付票款时作为付出传票。

第二联：银行汇票联，与第三联解讫通知一并由汇款人自带，在兑付行兑付汇票后作为银行往来账付出传票。

第三联：解讫通知联，在兑付行兑付后随报单寄往签发行，由签发行作为余款收入传票。

第四联：多余款通知联，在签发行结清后交予汇款人。

在银行汇票上必须完整记载如图 6-1 所示的内容。出纳人员在受理银行汇票时要注意审核，所需记载内容缺一不可，否则汇票无效。

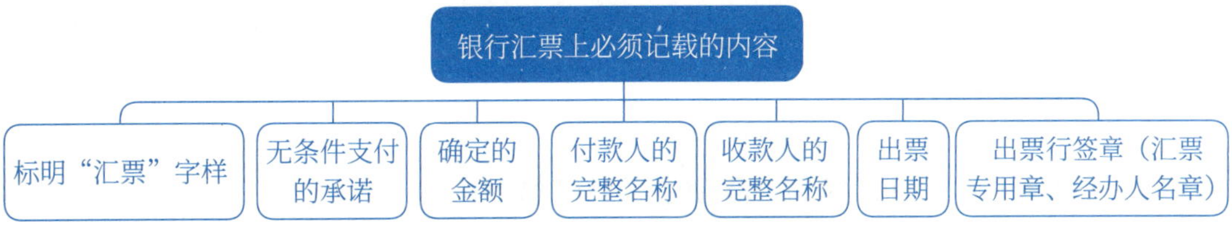


**图6-1　银行汇票上必须记载的内容**

### 3. 银行汇票的结算流程

银行汇票的提示付款日期为自出票日起 1 个月。办理银行汇票结算业务的基本流程如下。

（1）付款企业（申请人）向开户银行申请银行汇票，填写“银行汇票委托书”，并将款项交存开户银行。

（2）申请人开户银行向申请人签发银行汇票。

（3）申请人持汇票至异地采购物资，并将银行汇票交予收款（持票人）作为货款结算凭证。

（4）收款企业收到银行汇票后，在出票日起 1 个月内，按照实际结算款项（必须在出票金额以内）至开户银行办理结算：将收款企业写进账单，连同银行汇票联（第二联）和解讫通知联（第三联）一并交至开户银行，经银行审核无误后，向收款企业支付款项。

（5）银行汇票实际结算金额低于出票金额的，多余金额由出票银行退交申请人。

（6）出票人（付款企业开户银行）和收款人（或持票人）的开户银行之间进行资金清算。



### 4. 银行汇票的账务处理

出纳人员在进行账务处理时，应注意将银行汇票的出票金额记入“其他货币资金”科目进行核算。但是付款企业和收款企业在同一项购销活动和同一笔银行汇票结算业务中扮演的角色不同，因此，各自账务的处理方法也有所不同。

【例题】A 公司 202× 年 3 月底准备前往异地向 B 公司采购货物，双方商定以银行汇票方式结算货款，货款预估金额为 50 000 元 ( 本例暂不考虑增值税 )。其结算流程如下。

（1）A 公司申请银行汇票： A 公司从银行账户划款 50 000 元至开户银行 C 银行，并按相关规定办理申请手续。

（2）C 银行于 202× 年 4 月 1 日 ( 出票日期 ) 签发汇票。

（3）A 公司持银行汇票第二联和第三联前往异地采购货物时交予 B 公司，经双方核实一致，A 公司实际入库金额为 48 000 元。

（4）B 公司收到银行汇票后，应于 4 月 30 日前前往其开户银行 D 银行，依照相关规定办理结算款项 48 000 元。

（5）D 银行审核无误后将款项 48 000 元转入 B 公司银行账户。

（6）D 银行将银行汇票第三联和第四联 ( 多余款通知联 ) 寄回 C 银行。

（7）C 银行审核无误后向 A 公司退还 2 000 元。

（8）银行之间资金清算：C 银行与 D 银行按规定办理相关手续，并审核通过后，C 银行划款 48 000 元至 D 银行。

◆ A 公司 ( 购货单位 ) 账务处理如下。

（1）A 公司出纳人员根据银行批准后的“银行汇票委托书”存根记账。

借：其他货币资金——银行汇票　　50 000
　　贷：银行存款　　50 000

（2）持银行汇票购货并收到发票和发货单。

借：库存商品　　48 000
　　贷：其他货币资金——银行汇票　　48 000

（3）收回剩余款项 2 000 元。

借：银行存款　　2 000
　　贷：其他货币资金——银行汇票　　2 000

◆ B 公司（销货单位）账务处理如下。

（1）销售货物收到银行汇票。

借：其他货币资金——银行汇票　　48 000
　　贷：主营业务收入　　48 000

（2）办理银行汇票结算，D 银行划款 48 000 元至 B 公司银行数户。

借：银行存款　　48 000
　　贷：其他货币资金——银行汇票　　48 000



### （四）商业汇票

商业汇票是由出票人签发的，委托付款人在见票时或在指定日期无条件支付确定的金额给收款人或持票人的票据。商业汇票的付款期限最长不得超过 6 个月（电子商业汇票可延长至 1 年）。商业汇票的提示付款期限是自汇票到期日起 10 日。持票人应在提示付款期限内委托开户银行收款或直接向付款人提示付款。

#### 1. 汇票的当事人

商业汇票的当事人一般有三个：出票人、付款人、收款人。

（1）出票人。商业汇票与银行汇票最显著的区别就是它的出票人是工商企业，而非银行。同时，商业汇票的出票人既可以是债权人，也可以是债务人。

（2）付款人。付款人是指对商业汇票实际付款的人。无论出票人是债权人还是债务人，付款人一般都是债务人，或者是经约定，由与债务人有资金关系的其他工商企业作实际付款人。

（3）收款人。收款人是指商业汇票上实际载明的收取汇票金额的人。无论出票人是债权人还是债务人，收款人都是债权人。

#### 2. 商业汇票结算的特点

商业汇票结算是指利用商业汇票办理款项结算的一种银行票据结算方式。相比其他结算方式，商业汇票结算有以下特点。

（1）适用范围较窄。商业汇票必须以合法的商品交易为基础，才能予以签发。而其他经济行为的结算，如清偿债务、劳务报酬、资金借贷等，均不得采用商业汇票结算方式。

（2）商业汇票必须经过承兑才具有法律效力。

（3）商业汇票可以背书转让。

（4）商业汇票使用对象较少，只有在银行开立账户的法人或其他组织才可使用。也就是说，使用商业汇票的当事人、背书人和被背书人必须具备两个条件，缺一不可。其条件如下。

①必须具有法人资格。不具备法人资格的单位和个人，如个体工商户、法人附属单位、个人等均不能使用商业汇票。

②必须在银行开立账户。如果单位具有法人资格，但未在银行开立账户，也不得使用商业汇票。



（5）商业汇票不受地域限制，同城、异地均可使用。

（6）商业汇票没有结算起点的限制。

（7）付款期限最长为 6 个月。

（8）未到期的商业汇票可以贴现。

### 3. 商业汇票的种类

商业汇票按承兑人不同，可分为商业承兑汇票和银行承兑汇票。

（1）商业承兑汇票。商业承兑汇票是指由收款（债权人）出票，经付款人（债务人）承兑，或由付款人出票并承兑的商业汇票。在商品交易中，销货人向购货人索取货款的汇票时，存款人必须在汇票的正面签“承兑”字样，并加盖银行预留印章。在汇票到期前付款人应向开户银行交足票款。汇票到期后，银行凭票从付款单位账户划转给收款人或贴现银行。

商业承兑汇票一式三联，各联次的用途如下。

第一联：卡片联，由承兑人（付款人）留存。

第二联：商业承兑汇票联，由收款人开户银行随托收凭证寄往付款人开户银行作为借方凭证附件。

第三联：存根联，由签发人留存。

签发的商业承兑汇票上必须完整记载下列七个事项，缺一不可，否则为无效汇票。

①标明“商业承兑汇票”的字样。

②无条件支付的委托。

③确定的金额。

④付款人名称。

⑤收款人名称。

⑥出票日期。

⑦出票人签章。

商业承兑汇票的办理及结算程序如表6-4所示。

**表6-4　商业承兑汇票结算程序**

| 序号 | 步骤 | 内容 |
| --- | --- | --- |
| 1 | 出票承兑 | 商业承兑汇票由收款人或付款人签发，由付款人承兑；<br>承兑时，无须办理特别的手续，只需付款人在商业承兑汇票第二联正面签署“承兑”字样并加盖银行预留的印章即可 |
| 2 | 委托银行收款 | 按照银行要求填写一式五联的“托收凭证”（委托收款凭证）：在“托收凭据名称”栏填写“商业承兑汇票”及汇票号码；<br>在商业承兑汇票第二联背面加盖单位公章，并交付开户银行；<br>开户银行审查后办理收款手续，并将盖章后的“托收凭证”第一联（受理回单）退给收款单位留存 |

在对商业承兑汇票进行账务处理时，应将汇票票面金额记入“应付票据”科目核算单位，具体如下。

◆ 付款单位（购货公司）的账务处理如下。

①购货单位签发商业承兑汇票交予销货单位。

借：库存商品或原材料

　　应交税费——应交增值税（进项税额）

　　贷：应付票据——商业承兑汇票

②汇票到期支付票款，购货企业收到开户银行的付款通知。

借：应付票据——商业承兑汇票

　　贷：银行存款

◆ 收款单位（销货单位）的账务处理如下。

①销货单位收到购货单位交来的已承兑的商业承兑汇票。

借：应收票据——商业承兑汇票

　　贷：主营业务收入

　　　　应交税费——应交增值税（销项税额）

②销货单位把即将到期的汇票交存开户银行办理收款手续以后，接到银行收款通知。

借：银行存款

贷：应收票据——商业承兑汇票

（2）银行承兑汇票。银行承兑汇票是指由在承兑银行开立存款账户的存款人签发，向开户银行申请并经银行审查同意承兑，并保证在指定日期无条件支付确定的金额给收款人或持票人的票据。承兑银行基于对出票人资信的认可，对出票人签发的商业汇票进行承兑。

出票人必须同时具备以下六个条件才能申请签发银行承兑汇票。

①在承兑银行开立存款账户的法人及其他组织。

②与承兑银行有真实的委托付款关系。

③能够提供具有法律效力的购销合同及增值税发票。

④有足够的支付能力、良好的结算记录和结算信誉。

⑤与银行信贷关系良好，无贷款逾期记录。

⑥能提供相应的担保，或按要求存入一定比例的保证金。

银行承兑汇票一式四联，各联次的用途如下。

第一联：卡片联，在承兑银行支付票款时作为付出传票。

第二联：银行承兑汇票联，在收款人开户行向承兑银行收取票款时作为银行往来账付出传票。

第三联：解讫通知联，在收款人开户银行收取票款时随报单寄给承兑行，承兑行以此作为付出传票的附件。

第四联：存根联，由签发单位作为原始凭证入账。

签发银行承兑汇票必须记载的事项与商业承兑汇票相同。

银行承兑汇票办理流程如表 6-5 所示。

**表6-5　银行承兑汇票办理流程**

| 序号 | 步骤 | 内容 |
|---|---|---|
| 1 | 签订交易合同 | 交易双方提供具有法律效力的购销合同及增值税发票是签发银行承兑汇票的必备条件；<br>签订交易合同是办理银行承兑汇票的第一步，也是最重要的一步 |
| 2 | 签发汇票 | 银行审查相关资料并确认无误后，才可同意付款人签发银行承兑汇票；<br>出纳人员填写汇票时应注意按照规范要求填写和盖章 |

续表

| 序号 | 步骤 | 内容 |
| --- | --- | --- |
| 3 | 汇票承兑 | 填妥银行承兑汇票后，出纳人员应该核对汇票有关内容与交易合同内容是否一致；<br>填制银行承兑协议及银行承兑汇票清单，并在“承兑申请人”处加盖本单位公章 |
| 4 | 支付手续费 | 承兑银行根据银行承兑协议规定，向付款单位收取手续费，从付款单位的存款账户中扣除；<br>手续费按照银行承兑汇票票面金额的 0.05% 计收，若不足 10 元则按 10 元收取 |



◆ 付款单位（购货单位）的账务处理如下。

①购货单位签发银行承兑汇票，并经开户银行承兑，同时支付承兑手续费。

借：财务费用——银行手续费

　　贷：银行存款

②购货单位将银行承兑汇票交予销货单位。

借：库存商品或原材料

　　应交税费——应交增值税（进项税额）

　　贷：应付票据——银行承兑汇票

③汇票到期，购货企业支付票款，收到开户银行付款通知。

借：应付票据——银行承兑汇票

　　贷：银行存款

◆ 收款单位（销货单位）的账务处理如下。

①销货单位收到购货单位交来的已承兑的银行承兑汇票。

借：应收票据——银行承兑汇票

　　贷：主营业务收入

　　　　应交税费——应交增值税（销项税额）

②汇票到期，销货单位将银行承兑汇票连同进账单送交开户银行办理转账。

借：银行存款

　　贷：应收票据——银行承兑汇票

③销货单位将银行承兑汇票背书转让给其他单位用以购进货物或冲抵应付账款。

借：库存商品或原材料

应交税费——应交增值税（进项税额）

贷：应收票据——银行承兑汇票

借：应付账款

贷：应收票据——银行承兑汇票

### 4. 商业汇票贴现及账务处理

商业汇票贴现是企业向银行或银行相互之间融通资金的一种方式。具体是指收款人因资金需要依据手中未到期的商业票据向银行或贴现公司（融资公司）要求提前变成现款，银行或贴现公司收进这些未到期的应收票据，按票面金额扣除贴现日以后的利息后支付现款给票据贴现企业。



商业汇票贴现的办理程序如下。

（1）申请贴现。

①汇票持有人将未到期的商业汇票交给银行，向银行申请贴现，填写一式五联的“贴现凭证”；银行按照票面金额扣收自贴现日至汇票到期日期间的利息，将票面金额扣除贴现利息后的净额交付给汇票持有人。

一式五联“贴现凭证”的用途分别如下。

第一联：代申请书，交银行作贴现付出传票。

第二联：收入凭证，交银行作贴现申请单位账户收入传票。

第三联：收入凭证，交银行作贴现利息收入传票。

第四联：收账通知，交银行给贴现申请单位的收账通知。

第五联：到期卡，交会计部门按到期日排列保管，到期日账务处理时作贴现收入凭证。

②贴现单位的出纳人员应根据汇票的内容逐项填写上述“贴现凭证”的有关内容，如贴现申请人的名称、 账号、开户银行，贴现汇票的种类、发票日、到期日和汇票号码，汇票承兑人的名称、账号和开户银行，汇票金额的大、小写等。

其中，贴现申请人即商业汇票持有单位本身；贴现汇票种类是指银行承兑汇票或商业承兑汇票：银行承兑汇票为银行承兑，即付款单位为开户银行，商业承兑汇票为付款单位承兑；汇票金额 ( 贴现金额 ) 是指汇票本身的票面金额。

③填好贴现凭证后，在第一联贴现凭证“申请人签章”处和商业汇票第二联、第三联背面加盖预留银行印章 ( 财务专用章和企业法定代表人名章），然后一并送交开户银行信贷部门。

④开户银行审查无误后，在贴现凭证“银行审批”栏签注“同意”字样，并加盖有关人员

印章后送交银行会计部门。

（2）办理贴现。

①银行会计部门对银行信贷部门审查的内容进行复核，并审查汇票盖印及压印金额是否真实有效。审查无误后，按规定计算并在贴现凭证上填写贴现率、贴现利息和实付贴现金额。

其中，贴现率是国家规定的年贴现率；贴现利息是指汇票持有人向银行申请让现金额支付给银行的贴现利息；实付贴现金额也称“贴现净值”，是指汇票金额（贴现金额）减去应付贴现利息后的净额，即汇票持有人办理贴现后实际得到的款项金额。

根据规定，贴现利息应按照贴现金额、贴现天数（自银行向贴现单位支付贴用票款日起至汇票到期日前一天止的天数）和贴现率计算求得。用公式表示为：

贴现利息＝贴现金额×贴现率÷360×贴现天数

实付贴现金额（贴现净值）＝贴现金额－应付贴现利息

②银行会计部门填写贴现率、贴现利息和实付贴现金额后，将贴现凭证第四联加盖“转讫”章后交给贴现单位作为收账通知，同时将实付贴现金额转入贴现单位账户。

③贴现单位根据开户银行转回的贴现凭证第四联，按实付贴现金额作银行存款收款账务处理。

【例题】A 公司于 7 月 1 日向 B 公司签发一份 180 天的不带息商业汇票，汇票金额为 50 000 元，到期付款日为 12 月 27 日。后因 B 公司急需一笔资金，需要提前办理结算。假设 B 公司于 9 月 1 日贴现，银行年贴现率为 5.5%，计算贴期利息和贴现净值。

贴现天数：9 月 1 日至 12 月 26 日，即 30 ＋ 31 ＋ 30 ＋ 26 ＝ 117（天）

贴现利息：50 000×5.5%÷360×117 ＝ 893.75（元）

贴现净值：50 000 － 893.75 ＝ 49 106.25（元）

◆ B 公司的账务处理如下。

①收到 A 公司签发的商业汇票。

借：应收票据——A 公司　　　　50 000

　　贷：应收账款——A 公司　　　　50 000

②办理贴现。

借：银行存款　　　　49 106.25

　　财务费用——贴现利息　　　　893.75

　　贷：应收票据——A 公司　　　　50 000

【例题】承上例，假设商业汇票为带息汇票，票面利率为 6%，其他条件相同，计算贴现利息和贴现净值。

①汇票到期价值：50 000 + 50 000×6%÷360×180=5 1500（元）

②贴现利息：51 500×5.5%÷360×117=920.56（元）

③贴现净位： 51 500 − 920.56=50 579.44（元）

账务处理方法与上例相同。

5. 银行汇票与商业汇票的区别

银行汇票与商业汇票虽然同属于汇票，但是两者之间存在明显的区别，如签发人、付款人、提示付款期限等都不相同。两种汇票的几项主要区别如表 6-6 所示。

**表6–6 银行汇票和商业汇票的主要区别**

| 区别项目 | 银行汇票 | 商业汇票 |
|---|---|---|
| 适用范围 | 单位和个人均可申请 | 具有法人资格，且在银行开立账户的单位才能申请 |
| 结算起点 | 500 元 | 无 |
| 签发人 | 由出票银行签发 | 由银行以外的出票人签发 |
| 付款人 | 出票银行付款 | 承兑人付款 |
| 提示付款期限 | 自出票日起 1 个月 | 自汇票到期日起 10 日 |
| 结算方式 | 转账和现金 | 转账 |
| 安全性 | 银行付款，安全性更高 | 存在到期不能足额收款的风险 |
| 联次 | 一式四联 | 商业承兑汇票一式三联<br>银行承兑汇票一式四联 |
| 会计科目 | 记入“其他货币资金”科目 | 收款方记入“应收票据”<br>付款方记入“应付票据” |

（五）银行本票

银行本票是申请人将款项交存银行，由银行签发的承诺自己在见票时无条件支付确定的金额给收款人或者持票人的票据。

1. 银行本票的特点

相对于其他票据而言，银行本票具有以下特点和优势。

（1）适用范围广。单位和个人均可使用银行本票结算。

（2）银行本票按照金额是否固定可分为定额和不定额两种。

①定额银行本票是指票据上预先印有固定面额。面额包括 1 000 元、5 000 元、10 000 元、50 000 元。

②不定额银行本票是指票据上金额栏空白，签发时根据实际需要填写金额（起点金额为 5 000 元）的票据。

（3）信誉度高，安全性强。银行本票实行见票即付，银行见票即无条件按银行本票票面金额转入结算单位或个人账户，使收款人资金得以保障。

（4）银行本票可以用于转账。填明“现金”字样的银行本票，也可以用于支取现金，但是以申请人或收款人为单位的，不得申请签发现金银行本票。

（5）银行本票可以背书转让，但是填明“现金”字样的银行本票不能背书转让。

（6）银行本票的提示付款期限自出票日起最长不得超过 2 个月。

（7）在银行开立存款账户的持票人向开户银行提示付款时，应在银行本票背面“持票人向银行提示付款签章”处签章，签章须与预留银行签章相同。未在银行开立存款账户的个人持票人，持注明“现金”字样的银行本票向出票银行支取现金时，应在银行本票背面签章，记载本人身份证件名称、号码及发证机关。

（8）若银行本票遗失，失票人可以凭人民法院出具的享有票据权利的证明向出票银行请求付款或退款。

### 2. 银行本票记载的事项

与其他票据相同，银行汇票必须记载以下六个事项，缺一不可，否则无效。

（1）标明“银行本票”的字样。

（2）无条件支付的承诺。

（3）确定的金额。

（4）收款人名称。

（5）出票日期。

（6）出票人签章。

### 3. 银行本票的结算程序与账务处理

付款单位首先应按照银行规定申请银行本票，填写银行本票申请书并提供相关资料，银行审核通过后将银行本票和银行本票申请书存根联交予付款单位。

付款单位收到银行本票申请书存根联即可编制收款凭证，将银行本票记入其他货币资金科目，会计分录如下。

借：其他货币资金——银行本票

　　贷：银行存款

对于银行按规定收取的办理银行本票的手续费，付款单位应当根据银行的相应收费回单编制付款凭证，会计分录如下。

借：财务费用——银行手续费
　　贷：银行存款

### （六）支票

支票是指出票人根据其在开户银行的存款和透支限额签发的，委托银行在见票时无条件支付确定的金额给收款人或持票人的票据。

#### 1. 支票的特点

支票是日常经济业务结算中最常见的一种结算方式，相对于汇票、本票而言，支票具有以下特点和优势。

（1）无结算起点限制。

（2）使用方便，手续简便、灵活，安全可靠。同城票据交换地区内的单位和个人之间的一切款项结算，均可使用支票。自 2007 年 6 月 25 日起，支票实现了全国通用，异地之间也可使用支票进行支付结算。

（3）支票的提示付款期限为自出票日起 10 天，结算更迅速。

（4）普通支票可以背书转让，但用于支取现金的支票不得背书转让。

（5）出票人不得签发空头支票，必须使收款人资金有保障。

支票出票人签发的支票金额，不得超出其在付款人处（委托银行）的存款金额，即不能签发空头支票，否则银行将对签发空头支票或印章与预留印章不符的支票按照票面金额处以 5% 但不低于 1 000 元的罚款。同时，持票人也有权要求出票人赔偿支票金额 2% 的赔偿金。对于屡次签发空头支票或印章与预留印章不符的支票人，银行可根据情节轻重给予警告或通报批评，直至其停止向收款人签发支票。

#### 2. 支票记载的事项

支票记载的事项包括绝对记载事项、相对记载事项、非法定记载事项。根据《中华人民共和国票据法》和《中国人民银行结算办法》规定，两项绝对记载事项可以通过出票人以授权补充记载的方式记载，其中包括支票的金额、收款人名称。要注意的是，未补充记载前不得使用。

（1）绝对记载事项：票据法规定必须填写的记载事项，如欠缺某一项记载事项则该支票无效。一般包括以下六项。

①标明“支票”字样。

②无条件支付的委托。

③确定的金额。

④付款人名称。

⑤出票日期和地点。

⑥出票人签章。

（2）相对记载事项：票据法规定应当记载而没有记载，如未记载可以通过法律规定进行推定，但不会导致票据无效的事项。一般包括以下三项。

①收款人名称。支票上未记载收款人名称的，经出票人授权，可以补充记载。

②付款地。支票上未记载付款地的，则付款人的营业场所为付款地。

③出票地。支票上未记载出票地的，则出票人的营业场所、住所、经常居住地为出票地。

（3）非法定记载事项：不记载也不影响支票的法律效力的事项。一般包括以下四项。

①支票的用途。

②合同编号。

③约定的违约金。

④管辖法院。

### 3. 支票的类别

按照结算方式不同，支票可分为现金支票、转账支票、普通支票三种。

（1）现金的支票。现金支票是一种最基本的支付结算业务，专门用于支取现金。现金支票由存款人签发给本单位，由相关人员到银行提取备用金，也可以签发给其他单位和个人用来办理结算或者委托银行代为支付现金给收款人。

现金支票只能用于支取现金，不能用于转账，也不得背书转让。对于现金支票，出纳人员要特别注意一点：支票收款人名称并非绝对记载事项，因此只要是持票人就可向银行提示付款。而已签发的现金支票如果遗失，可以向银行申请挂失，但是挂失前已经支付的，银行将不予受理。因此，无论作为付款方还是收款方，出纳人员都应当对现金支票的保管高度重视，尽量确保票据安全。若确实不慎遗失，应当第一时间向银行申请挂失，尽量避免被他人盗取而给企业造成经济损失。

（2）转账支票。转账支票是指只能用于转账的一种支票。转账支票与现金支票最大的区别在于，转账支票可以背书转让给其他债权人，但是在背书时应注意以下事项。

①背书转让的支票，背书应当连续。即票据第一次背书转让的背书人是票据上记载的收款人，前次背书转让的被背书人是后一次背书转让的背书人，依次前后衔接，最后一次背书转让的被背书人是票据的最后持票人。持票人以背书的连续来证明其票据权利。

②若票据出票人在票据正面记载“不得转让”字样的，则票据不得转让。其直接后手再背书转让的，出票人对其直接后手的被背书人不承担保证责任，对被背书人提示付款或委托收款的票据，银行不予受理。

（3）普通支票。支票上未注明“现金”或“转账”字样的即为普通支票。普通支票既可以用于支取现金，也可以用于转账。在普通支票左上角画两条平行线的为划线支票，划线支票只能用于转账，不得支取现金；不画线时即可作为现金支票使用。

4. 支票填写的注意事项

填写支票必须符合票据的统一规范要求，如日期填写规则、金额大小写填写规范等。除此之外，还需特别注意以下细节。

（1）收款人。

①现金支票可以将本单位作为收款人，在后面“被背书人”栏盖本单位财务专用章和法定代表人名章；若收款人为个人，无财务专用章和法定代表人名章的，只需在支票背面填写身份证号码和发证机关，需要取款时携带其身份证和现金支票前往银行办理即可。

②转账支票的收款人应填写对方单位的全称，并在正面加盖本单位的财务专用章和法定代表人名章。



(2) 用途。银行一般对现金支票的用途做了一定的限制，一般应填写“备用金”“工资”“劳务费”“差旅费”等。如果填写错误，银行有权拒绝支付。银行对于转账支票的用途没有明确规定，只需简明扼要填写关键词即可，如“物资采购款”“服务费”等。

（3）支票存根。支票存根是银行审核支票无误，批准支取款项后返还给企业留存记账使用的票据。注意其中的“附加信息”栏可根据实际需要简要记录相关信息，而“出票人”“金额”“用途”等信息则必须与支票票面完全一致。

（4）盖章。

①支票正面应加盖财务专用章和法定代表人名章，缺一不可，印泥为红色，印章必须清晰可见。如果印章模糊则只能将支票作废，需要另取一张重新填写并盖章。

②剪裁线、骑缝章。剪裁线是指支票正面与存根联之间的虚线。支票在使用时，需要从剪裁线处裁开并将存根联返还给出票人，若出现银行退票情况，必须将存根联和支票正面盖有骑缝章的两半对接。如果骑缝章完整，则代表此份支票完整。

【例题】A 公司出纳人员根据业务需要从中国建设银行提取 10 000 元现金作为备用金。

其应填写的现金支票示例如图 6-2 所示。

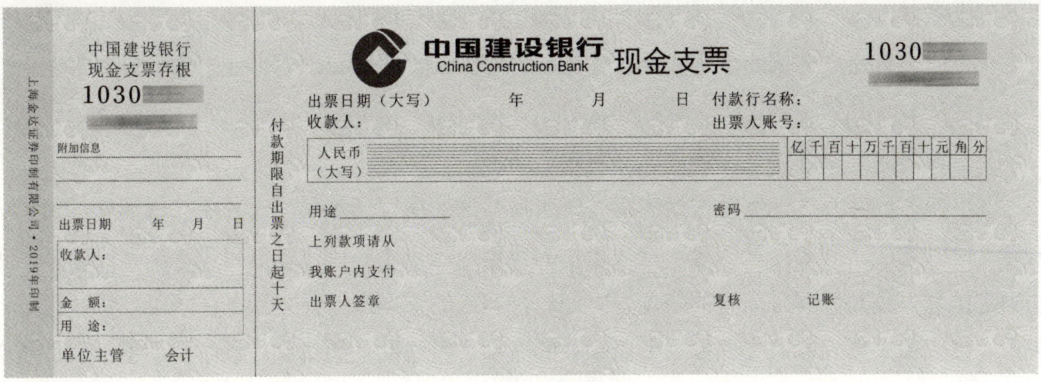


图6-2　现金支票示例

【例题】天津市 ×× 公司收到转账支票背书给重庆市 ×× 公司，“被背书人”处填写“重庆市 ×× 公司”名称。重庆市 ×× 公司在收到转账支票后再背书给太原市 ×× 公司，“被背书人”处填写“太原市 ×× 公司”。太原市 ×× 公司在收到转账支票后就背书给银行委托收款。每一个背书人都必须加盖本单位的财务专用章和法定代表人名章。

该转账支票背书示例如图 6-3 所示。

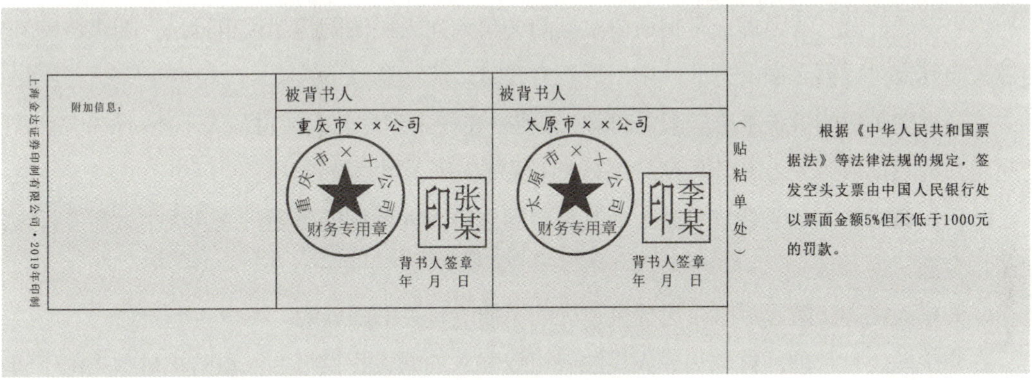


图6-3　转账支票背书示例

### 5. 支票遗失的处理

出纳人员应当妥善保管所有票据，尽量避免票据遗失。但是在实际工作中，由于种种原因，票据遗失的情况也时有发生，因此，出纳人员应当预先了解票据遗失后的正确处理方法，待真正遇到时，才能及时应对。

在支票使用过程中，首先要严格按照规定填写事项，即支票的六项绝对记载事项必须填写齐备，缺一不可。否则，一旦遗失，不受法律保护。其次若丢失支票，可采取三种方式补救，即挂失止付、公示催告、普通诉讼。这里需要强调的是，无论采取哪种措施，前提是必须符合以下三个条件。

一是必须有遗失票据的事实。即因遗失、被盗等原因而使票据权利人脱离其对票据的占有。

二是失票人必须是真正的票据权利人。

三是遗失的票据必须是未获付款的有效票据。

(1)挂失止付。挂失止付是指失票人将遗失票据的情况通知付款人并由接受通知的付款人暂停支付的方法。需要注意的是，挂失止付的票据应当是不属于未记载付款人的票据，或者无法确定付款人及其代理付款人的票据。未记载付款人的支票属于无效票据，不能挂失止付。挂失止付仅仅是失票人在遗失票据后可以采取的一种暂时性的预防措施，以防止票据被冒领或骗取。因此，失票人可以在票据遗失后首先采取挂失止付，接着申请公示催告或提起诉讼；也可以不采取挂失止付，直接向人民法院申请公示催告，由法院在受理后发出停止支付通知，或向法院直接起诉。但是由于法院受理需要一个过程，因此，建议遗失票据后应立即通知付款人挂失止付。



(2)公示催告。公示催告是指票据遗失后，由失票人向人民法院提出申请，请求人民法院以公告方法通知不确定的利害关系人限期申报权利(逾期未申报者，则权利失效)，而由人民法院通过除权判决宣告所遗失的票据无效的一种程序。

(3)普通诉讼。普通诉讼是指遗失票据的失票人向人民法院提起民事诉讼，要求法院判定付款人向其支付票据金额的方式。采用诉讼方式时，应注意以下几点。

①票据遗失后的诉讼被告一般是付款人，但是在找不到付款人或付款人不能付款的情况下，也可将其他票据债务人(如出票人、背书人、保证人等)作为被告。

②诉讼请求的内容是要求付款人或其他票据债务人在票据的到期日或判决生效后支付或清偿票据金额。

③失票人在向法院起诉时，应提供遗失的票据的有关书面证明。

在判决前或付款前，付款人或人民法院可以要求失票人提供抵押，以防止付款人由于支付已遗失的票据票款出现可能的损失。

在判决前，如果遗失的票据出现，付款人应以该票据正处于诉讼阶段为由暂不付款，而将情况迅速通知失票人和人民法院。法院应终结诉讼程序。无争议的，由真正的票据债权人持有票据并向付款人行使票据权利；有争议的，任何一方可向法院起诉，由法院确认权利人。

如果遗失的票据出现在判决生效之后，付款人不予付款，应将情况通知失票人。无争议的，由真正的票据权利人向付款人行使票据权利；如有争议， 任何一方可向法院起诉，请求确认权利人。

## 三、银行委托结算

银行委托结算是指付款人或收款人委托银行支付或收取款项的结算方式。银行委托结算包括汇兑、委托收款、托收承付三种。

### （一）汇兑

近年来，由于网上银行的兴起，汇兑结算方式已逐渐淡出了出纳工作范畴，但是多学习一些相关知识，对于顺利开展出纳工作来说是有备无患的。下面对汇兑结算做简要介绍，希望出纳人员通过学习和了解，能够掌握汇兑的基本内容，以备不时之需。

汇兑是指付款人委托银行将款项支付给收款人的一种结算方式。汇兑的适用范围广泛、办理手续简便，并且无结算起点限制，特别适用于异地之间的各类款项结算，包括单位之间的货款、单位与个人、 个人与个人之间结算的劳务费、工资、医药费等。

#### 1. 汇兑的分类

汇兑按照款项划转方式的不同分为信汇和电汇两种。

（1）信汇：汇款人向银行提出申请，同时缴存一定金额及手续费给银行，汇款银行将信汇委托书以邮寄方式寄给汇入银行，以授权汇入银行向收款人解付一定金额的一种汇兑结算方式。

（2）电汇：汇款人将一定款项缴存汇款银行，汇款银行通过电报或电话方式传给目的地的分行或代理行（汇入行），以指示汇入行向收款人支付一定金额款项的一种汇兑结算方式。

#### 2. 办理程序及账务处理

汇兑的办理程序非常简便，汇款企业填写汇兑凭证（电汇一式三联，信汇一式四联），填明收款单位名称或个人姓名、汇款金额及用途等项目，并加盖银行预留印章（财务专用章、法定代表人名章），即可委托银行办理汇款业务。

银行受理汇款后，将收取一定的手续费，并将回单联交予企业，出纳人员根据回单编制付款凭证，其会计分录如下。

借：应付账款——×× 公司（或个人全名）

　　财务费用——手续费

　　贷：银行存款

### （二）委托收款

委托收款是指收款人向银行提供收款依据，委托银行向付款人收取款项的一种结算方式。委托收款同样无结算起点限制，单位和个人均可使用这种方式进行结算。

委托收款具体分为邮寄和电报划汇两种方式，由收款人开户银行向付款人开户银行转送委托收款凭证、提供收款依据。

1. 委托收款的结算程序及相关规定

委托收款的结算程序及相关规定如表 6-7 所示。

表6-7　委托收款的结算程序及相关规定

| 序号 | 步骤 | 内容 |
|---|---|---|
| 1 | 委托银行收款 | 收款人在电报或邮政方式中选择一种，按照银行要求填写委托收款凭证并签章；<br>将以上资料提交开户银行审查；<br>审查通过后将其寄往付款人开户行办理相关手续 |
| 2 | 付款 | 付款人在接到付款通知后 3 日内以书面形式通知银行付款；<br>若付款人未在规定期限内通知银行付款，则视为同意付款，开户银行将于付款人接到通知日的次日起第 4 日将款项划至收款人账户；<br>若付款人存款账户余额不足以支付指定数额的款项，由开户银行通过受托银行向收款人发出“未付款项通知书”，并与债务证明一同邮寄到受托银行，由其转交收款人 |

委托收款凭证一式五联，各联次的用途如下。

第一联：回单联，是收款人开户银行交付收款人的回单。

第二联：收款凭证联，由收款人开户银行作收入传票。

第三联：付款凭证联，由付款人开户银行作付出传票。

第四联：收账通知联（或发电报的依据），收款人开户银行在款项收妥后给收款人的收款通知（或付款人开户银行凭此拍发电报）。

第五联：付款通知联，付款人开户银行给付款人按期付款的通知。

2. 委托收款的账务处理

收款方收到委托收款凭证第四联，即收账通知联之后，表明款项已收到，即可据此编制收款凭证。

付款方收到银行转交付款通知联后，表明款项已经支付，可据此编制付款凭证；若付款方已经提前付款（在付款期满前付款），应在通知银行付款当日编制付款凭证。

需要注意的是，委托收款与其他结算方式存在一点最大的区别，即委托收款结算方式由收款方委托银行向付款方收款。付款方除可因存款余额不足的客观原因不予支付外，还可以主动拒绝付款，而非无条件付款。若付款方拒绝付款，需在付款期限内出具拒绝证明，并连同债务证明送交开户银行。银行将拒绝证明、债务证明和有关凭证一并寄往受托银行（收款人开户银行）转交收款人。全部拒绝的不做账务处理；若部分拒绝，应根据银行盖章退回的部分拒付理由书第一联编制部分付款凭证。

### （三）托收承付

托收承付是指收款人按照购销合同约定发货后委托银行向异地购货单位收取货款，购货单位根据合同审核单证并实地验货后，向银行承认付款的一种结算方式。其适用对象主要是国有企业、供销合作社，以及经营管理较好、并经开户银行审查同意的城乡集体所有制工业企业。同时，托收承付只能用于异地结算，因此又称为“异地托收承付结算”。

托收承付同样分为邮寄和电报两种方式，可由收款人选择，每笔金额的结算起点为 10 000 元（新华书店系统比较特殊，每笔金额结算起点为 1 000 元）。



#### 1. 结算条件

办理托收承付的条件有以下四点。

（1）只能在异地使用托收承付方式进行结算，不能同城使用。

（2）结算款项必须是商品交易，以及因商品交易而产生的劳务费用。其他如代销、寄销、赊销商品的款项，不得办理托收承付。

（3）收付款双方必须签订合法的购销合同，并在合同中注明使用异地托收承付方式进行货款结算。

（4）收款人办理托收必须提供商品已经托运的相关凭证，如铁路、公路、航空等运输部门签发的托运单、回执单等。

#### 2. 托收承付的结算流程

委托承付的结算流程如图 6-4 所示。

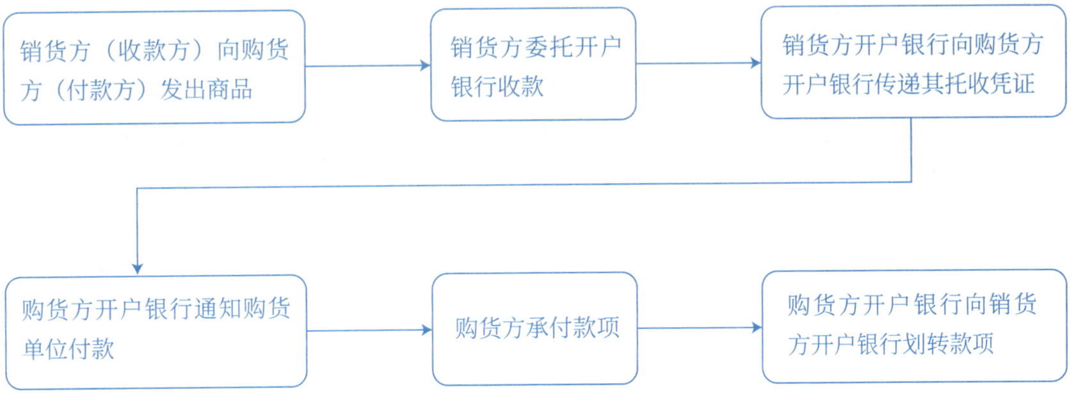


**图6-4　托收承付的结算流程**

3. 逾期付款的

收付款双方一旦在合同中约定托收承付结算方式并正式办理银行手续，视为三方签订托收承付协议。付款方作为履行协议的关键一方，必须要有契约精神，确保开户银行账户余额充足。银行将对不能够足额支付的托收款项作逾期处理，并根据规定按每日 0.05% 罚收逾期付款赔偿金。付款方更不得无故拒付款项，若付款人累计 3 次提出无理拒付的，付款人开户银行将暂停其对外办理托收承付业务。

## 四、信用结算



信用结算方式是指信用卡结算和信用证结算。其中，信用卡结算应用极其广泛，而信用证结算则是专门用于国际结算的一种主要方式。

### （一）信用卡

信用卡是由商业银行向单位或个人发行的信用证明，其载体就是卡片。单位和个人凭信用卡向特约单位购物、消费，以及向发行银行存取现金。信用卡按使用对象分为单位卡和个人卡，按信誉等级分为金卡和普通卡。

1. 单位卡的相关规定

（1）单位卡用于商品交易、劳务费用支出等金额限定在人民币 10 万元以下的结算。

（2）单位卡不得支取现金。

2. 结算程序

信用卡的结算模式是先消费，后还款。这种模式能够在一定程度上刺激消费，促进社会经济发展。同时，信用卡的使用极其方便、灵活，申办手续和结算程序（见图 6-5）也都非常简单、快捷。

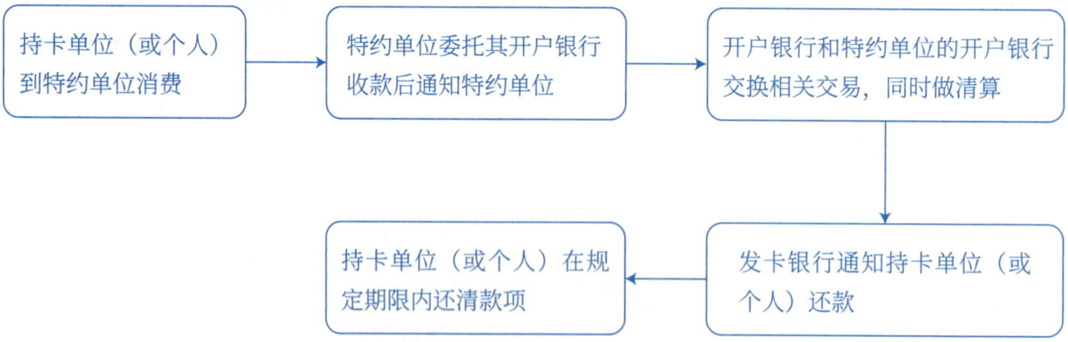


图6-5　信用卡的结算程序

### 3. 信用卡还款期限

对于信用卡的还款期限，虽然每家发卡银行的具体时间规定略有不同，但是其内在规律是相同的，都包含“账单日”和“还款日”两个期限。

（1）账单日：发卡银行每月定期将持卡单位（或个人）的信用卡账户当期发生的各项交易、费用等进行汇总结算，结计利息，计算当期总欠款金额和最小还款额，并向持卡单位（或个人）发送对账单的日期。

【例题】假设当前是202×年4月，A银行的信用卡账单日为每月20日，则4月账单日20日汇总的交易金额期间为3月20日至4月19日。

（2）还款日：也称“最后还款日”，指的是从银行账单日起至到期还款日之间的最后一日。此期间也是免息还款期，只要在此期间内还清款项，银行将免收利息，超过最后还款日还款的，将按日计息。

【例题】承上例，A银行的免息还款期是20天，那么3月20日至4月19日之间交易总额的最后还款日为5月9日。

### 4. 信用卡的透支规定

银行通常会允许信用卡在规定限额和期限内善意透支。一般来说，金卡透支金额最高不得超过10 000元，普通卡最高不得超过5 000元。透支期限最长不得超过60天。如持卡单位(或个人)恶意透支，将被征收惩罚性利息或滞纳金(具体额度，各银行规定不同)，情节严重的，还必须承担相应的法律责任。

### 5. 信用卡的账务处理

信用卡资金应记入“其他货币资金”科目。付款单位和收款单位的账务处理如下。

（1）付款单位：对于持信用卡付出的资金，出纳人员应根据发卡银行发来的付款通知和相关原始凭证编制付款凭证。

（2）收款单位：对于每日受理的信用卡签购单，出纳人员应填写汇计单和进账单，与签购单一同送交收单银行办理进账手续，再根据银行的进账通知单编制收款凭证。

## （二）信用证

信用证是国际结算的一种主要方式，是指银行根据进口人(买方)的请求，开具给出口人(卖方)的一种保证承担支付货款责任的书面凭证。在信用证内，银行授权出口人在符合信用证规定的条件下，以该行或其指定的银行为付款人开具不得超过规定金额的汇票，并按规定随附装运单据，按期在指定地点收取货款。

### 1. 信用证的结算程序

信用证的一般结算程序如图6-6所示。

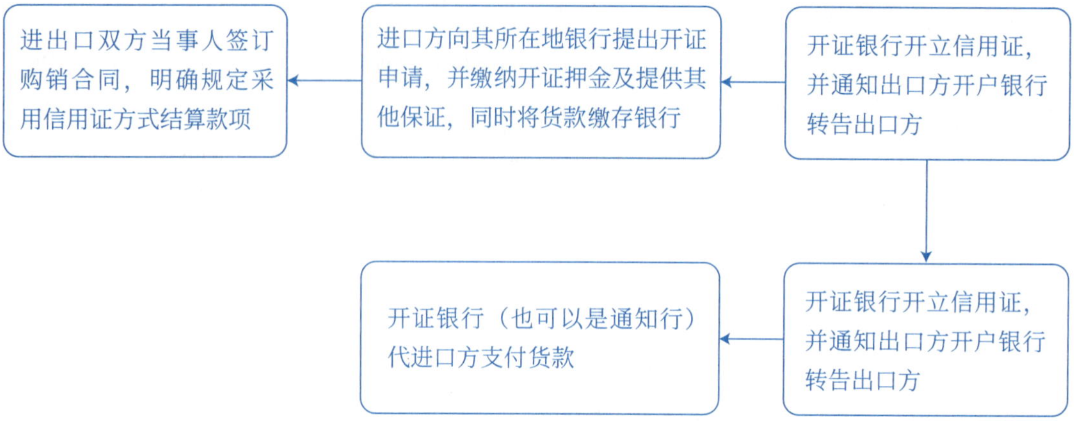


图6–6　信用证的结算程序



### 2. 信用证的账务处理

信用证资金同样记入“其他货币资金”科目。付款单位和收款单位的账务处理如下。

（1）付款单位：必须在接到开证行的通知时进行付款，出纳人员根据付款后的有关单据编制付款凭证。

（2）收款单位：收到信用证后，将备货装运并签发相关发票、账单、托运单和信用证送交银行。银行办理收款后，出纳人员根据银行返还的信用证及其他相关单据编制收款凭证。

## 五、网上银行

在网络技术飞速发展的今天，讲求高效率工作的绝大多数企业早已开通了网上银行。作为出纳人员，也应与时俱进，及时跟进学习网上银行的相关知识，并熟练利用网上银行办理各项银行业务，只有这样，才能真正提高工作效率，提升自己的职场竞争力。下面介绍网上银行的概念、企业如何开通网上银行及常见的网上银行业务操作等内容。

### （一）网上银行的概念

网上银行又称网络银行、在线银行或电子银行，是指各银行在互联网中设立的虚拟柜台。银行利用网络技术，通过互联网向用户提供开户、销户、查询、对账、行内转账、跨行转账、信贷、网上证券、投资理财等传统服务项目，使用户足不出户即可安全、便捷地管理活期和定期存款、支票、信用卡及个人投资等银行业务。

一般来说，网上银行的业务品种主要包括基本业务、网上投资、网上购物、个人理财、企业银行服务及其他金融服务。企业银行服务则是网上银行服务中最重要的部分，其服务品种比个人客户的服务品种更多，也更为复杂，对于相关技术方面的要求也更高，所以能够为企业提供网上银行服务是商业银行实力的象征之一，有些中小型网上银行或线上银行只能部分提供，甚至完全不能提供这方面的服务。

企业开通网上银行能够办理更多的账户管理、转账、在线支付各种费用等业务。网上银行最大的优势是方便、快捷、不必排队。同时，网上银行也可以为银行降低人力成本。网上银行因为不受时间限制，所以更有利于企业高效办理银行业务。

### （二）企业如何开通网上银行

企业网上银行的常用功能包括查询对账、资金划拨、缴费支付、信贷融资、投资理财、现金管理、电子回单、财政社保等。

下面以中国建设银行为例，介绍企业从开通网上银行到办理各种业务的操作流程。

企业开通网上银行分为不同的用户类型：海外版客户、简版客户、高级版客户、小企业版、跨境电商版。

开通方式：在开户银行柜台办理开通手续。

企业网上银行各种用户类型的开通手续如下。

（1）海外版客户：携带企业登记证原件及复印件，或者全球唯一银行代码证原件及复印件并提交申请书交由工作人员办理。

（2）简版客户：携带企业营业执照正（副）本和其他证件等资料，并提交客户服务申请书交由银行工作人员办理。

（3）高级版客户：携带企业营业执照正（副）本和其他证件等资料，并提交客户服务申请书交由银行工作人员办理。

（4）小企业版：携带企业营业执照正（副）本和其他证件资料至账户开户网点，申请签约成为企业网银高级版客户，同时填写《中国建设银行专属服务开通申请书》，申请开通“小企业版”专属服务。

（5）跨境电商版：携带企业营业执照正（副）本和其他证件资料至账户开户网点，申请签约成为企业网银高级版客户，同时填写《中国建设银行专属服务开通申请书》，申请开通“跨境电商版”专属服务。

各种用户类型的网上银行可以分别享受以下差异化服务。

（1）海外版客户：账户查询、转账、汇款、代理清算、管理设置。

（2）简版客户：查询业务、电子对账、服务中心。

（3）高级版客户：网上银行提供全部功能，包括查询服务、账户管理、结算服务、投资理财、信贷融资等。

（4）小企业版：账户查询、电子对账、转账、代发、信贷融资、投资理财、国际结算、公私账户管理。

（5）跨境电商版：外汇汇款、收汇处理、国际贸易融资、结售汇、外汇买卖、银关通、银税通、汇率掉期、汇率期权、账户查询、转账业务、电子对账、缴费业务、服务管理。

### （三）常见网上银行业务操作

下面介绍常见的网上银行业务操作。

#### 1. 登录网上银行

（1）登录银行官网→选择公司机构为【企业网上银行】→单击【登录】按钮。

（2）弹出登录对话框→输入“客户识别号”“操作员代码”“登录密码”→单击【登录】按钮。进入企业网上银行“欢迎”界面后，可以看到待办业务、备忘录、需要处理的提示信息等→单击【进入操作页面】按钮。

（3）进入操作界面，可以看到功能模块中有【账户查询】【转账业务】【代发代扣】【企业级代收付】【现金管理】【缴费业务】【票据业务】等功能模块。



#### 2. 账户查询

账户查询功能模块主要包括以下功能。

（1）账户信息查询：可以查询账户余额、交易明细、定期账户及活动账户明细、内部账户、他行活期账户、透支账户等信息。

（2）电子对账：包括每笔交易对账单查询与回签、明细账查询、对账结果查询。

“对账单查询与回签”可以按月份查询一年内的交易记录。只需在“起始日期”和“结束日期”中选择年份和月份，便可查询。显示“回签”则代表企业确认对账单交易记录无误。

“明细账查询”可以查询一年内指定月份的每一笔交易明细。同样在“查询日期”栏选择年份和月份，单击【确定】按钮即可。

“电子回单查询”可逐笔查询指定的付款或收款记录的详细信息，一次只能查询一笔交易信息。输入“付款账号”（或“收款账号”）、“明细编号”、“交易流水号”和“交易日期”，单击【确定】按钮即可。

#### 3. 转账业务

转账业务功能模块包括转账制单、单据维护、流水查询、付款等功能。

（1）转账制单，包括单笔付款、批量付款、跨行实时转账、请领款等功能。

（2）单据维护，包括单据修改、单据删除、复核员变更、审核方式变更功能。

（3）流水查询，包括转账流水查询、定期交易查询功能。

### 4. 付款操作

在实际工作中，出纳人员在网上银行办理频率最高的业务就是支付款项。通常网上银行对这项业务设置两个环节：一是制单环节，相当于到银行柜台办理付款时填写付款单据；二是复核环节，相当于审核无误付出款项。在网上银行办理付款时，出纳人员一般在制单环节中填好付款信息，再由上级领导或其他指定人员复核后确认并付出款项。下面介绍出纳人员办理单笔付款时制单的操作步骤。

(1) 选择付款账号。打开“单笔付款”页面，在“付款账号”栏中选择将要付出款项账户，一般将基本存款账户设置为默认付款账户。

(2) 依次选择“收款单位行别”“收款单位所在地”“收款单位账号”→在“金额”栏输入付款金额和用途→单击【确定】按钮。

(3) 系统弹出收付款方所有信息界面→在下方输入“交易密码”，单击【确定】按钮即可。付款制单完成后，会出现提示页面，提示等待一级复核员复核。

在实际工作中，如果企业主要以网上银行方式结算款项为主，那么需要特别注意以下三个相关问题。

(1) 严格执行制单、复核支付岗位分设制度，而且各岗位应设置不同的操作密码，相关经办人员不得相互间或向第三方透露密码，也不得由出纳一人完成网上银行付款的全过程。为保证公司网上银行资金的安全，各岗位人员应不定期地修改操作密码。

(2) 银行预留印章、网上银行上网 U 盾以及支付密码器应分别由出纳和资金调度负责人保管，严禁一人保管支付款项所需的全部印章和密码器，以免出现舞弊行为。

(3) 实际支付时，应首先由出纳人员根据凭证逐笔、足额办理制单，再由复核支付岗位责任人分别对凭证、客户名、客户账号、金额等项目进行复核，最后使用 U 盾进行实际支付。支付流程结束后，资金调度人员应按日期打印出网上银行支付清单，由财务部门不定期进行复核。

CHAPTER 7

# 第七章 移动支付

移动支付也称为手机支付，是目前使用频率最高的收付款方式之一。日常使用的移动支付方式主要包括微信支付和支付宝支付，通过扫描二维码即可完成收款与付款。

支付宝和微信都有企业账号以及个人账号，对于企业的收支项目应使用企业账号，该账号与企业的银行账户相连，可以随时完成充值和取现。

## 一、微信支付

企业使用微信二维码即可完成收付款的工作，当天的收付款业务可以打印回单作为做账的依据。

### （一）单笔收款回单

企业的微信单笔收款回单如图 7-1 所示。

微信收款回单详情

| | |
|---|---|
| 业务名称 | 交易 |
| 业务类型 | 交易 |
| 微信支付关联单号 | 420000046320191206667871422 |
| 业务单号 | 420000046320191206667871422 |
| 业务凭证号 | 2022122001522230800021 |
| 记账时间 | 2022-12-20 09:53:58 |
| 入账类型 | 收入 |
| 收支金额(元) | +12360.00 |

图7–1 企业的微信单笔收款回单

### （二）微信支付商户结算记录

企业若要查阅收款汇总，可以查询微信支付商户结算记录（见图 7-2），了解某一期间的结算费用。

**微信支付 商户结算记录**

| | |
|---|---|
| 商户号：14382[redacted] | 商户名称：深圳[redacted] |
| 起始日期：20XX-12-16 | 结束日期：20XX-12-16 |

| 结算日期 | 订单金额(元) | 订单笔数 | 退款金额(元) | 退款笔数 | 手续费(元) | 入账金额(元) |
|---|---|---|---|---|---|---|
| 20XX-12-16 | 10,342.93 | 20 | 0.00 | 0 | 62.04 | 10,280.89 |
| 合计 | 10,342.93 | 20 | 0.00 | 0 | 62.04 | 10,280.89 |

注：以上数据为该商户号的历史结算记录，仅供参考。

导出时间：20XX-12-16 13:24:29

[redacted]支付科技有限公司

业务往来专用章

20XX年12月16日

图7–2 企业的微信支付商户结算记录

### （三）交易详情

微信支付里可以像企业网上银行一样查询交易流水和每笔转账的具体信息（见图 7-3）。

**交易详情** （单位：元）

交易成功

交易号：202212302200141878059780[redacted] 商户订单号：1567152264480258472[redacted] 交易类型：即时到账

| 商品名称 | 订单金额 | 商家优惠 | 商家实收 | 分润 | 服务费 | 订单退款金额 | 实收净额 |
|---|---|---|---|---|---|---|---|
| 商品[redacted]报名费 | 649.00 | – | 649.00 | – | +(0-3.89) | – | 645.11 |

交易创建 2022-12-30 16:04

付款时间 2022-12-30 16:04

交易买家：*兆兰(1391****653)

服务费信息 退服务费：0 服务费：3.89

| 时间 | 流水号 | 收入(退服务费) | 支出(服务费) | 备注 |
|---|---|---|---|---|
| 2022-12-30 16:04 | 0 | -- | 3.89 | - |

图7–3 微信支付交易详情

## 二、支付宝支付

### （一）注册企业支付宝

注册企业支付宝前需要准备以下资料：

（1）企业营业执照影印件（必须为彩色原件的扫描件或数码照）。

（2）对公银行账户，可以是基本户或一般户。

（3）法定代表人的身份证影印件。

如果是代理人，除以上资料外，还需准备以下资料。

（1）代理人身份证影印件。

（2）企业委托书，必须盖有企业公章或者财务专用章，不能是合同专用章或业务专用章。

### （二）支付宝汇总账单

通过支付宝收付款项后可以在线打印汇总单（见图 7-4）进行账务处理。

支付宝（中国）网络技术有限公司 汇总账单

客户名称：××光明有限公司　　帐号：××××××@qq.com

起始日期：202×年12月04日00:00:00　　终止日期：202×年12月04日00:00:00

| 上期余额 | 当期收入 | 当期支出 | 当期余额 |
|---|---|---|---|
| 35.65 | 33716.97 | -29807.15 | 3945.47 |

| 当期收入 | | 当期支出 | |
|---|---|---|---|
| 业务类型 | 收入金额 | 业务类型 | 支出金额 |
| 转账 | 36.00 | 提现 | -29255.08 |
| 在线支付 | 29624.60 | 退款 | -384.60 |
| 分账 | 4054.05 | 收费 | -167.47 |
| 退收费 | 2.32 | | |
| 合计收入 | 33716.97 | 合计支出 | -29807.15 |

此数据仅供参考，如有异议，以支付宝账户中的数据为准。

导出时间：202×年12月04日06:24:05

图7-4　支付宝汇总账单

## 三、移动支付的风险与注意事项

### （一）移动支付的风险

随着“互联网 +”时代的到来，第三方移动支付迅猛发展，各项关键技术趋于成熟，移动支付方式也得到了广泛的应用。移动支付改变了传统的支付模式，为新时代的资金和交易往来提供了新的途径，但同时又面临着新的风险。风险管理的目的是尽可能降低不确定事件的发生概率，它包括风险识别、风险分析、风险决策和审查监督等多方面的综合管理过程。以微信支付为例，微信支付本身自有一系列的安全管理措施，例如微信支付密码、手势密码、支付安全防护、手机防盗措施等，这些措施一定程度上可以减少微信支付发生漏洞的概率，但微信支付依旧存在一些可识别的风险。

#### 1. 外界层面

在外界层面，第三方移动支付的风险主要有两个来源。

第一是政策的变动和法律方面的增减。目前我国还没有在第三方移动支付方面出台统一性的法律规定，当下出台的法律法规有《非银行支付机构网络支付业务管理办法》《非银行支付机构分类评级管理办法》《电子支付指引》等，这些法规有利于对移动支付市场的规范和完善，但是还无法满足移动支付高速发展的需求。

第二个风险来源是网络安全上的漏洞。随着越来越多网民通过移动支付进行交易，某些手机应用或不法分子趁机侵入支付系统从而骗取用户个人信息，或者带来网络病毒的隐患，这会严重侵犯支付平台在用户心中的信誉，也可能会给用户造成一定的财产损失。

#### 2. 行业层面

在行业支付层面，第三方移动支付的风险是存在竞争。

第三方移动支付面临的风险主要是与银行的竞争，与同类平台的竞争，以及与可替代产品的竞争。第三方移动支付平台与银行是既是竞争关系又是合作关系，一方面银行为第三方移动支付平台提供了基础服务，移动支付的顺利完成离不开银行系统；另一方面银行本身也有移动支付业务在移动支付方面进行扩张，给第三方移动支付平台带来了重大挑战。以微信支付平台为例，用户的一部分资金通过微信转账、微信红包等储存在微信的“零钱”中，形成一定规模的资金池，而这个资金池边界模糊缺乏有效监督。此外，关于微信转账功能是否需要纳税仍有争议，微信支付平台在技术层面上的安全程度也有待提高。

#### 3. 用户层面

在用户层面，第三方移动支付目前还无法有效地进行用户身份识别，进而给予不法分子提供了利用第三方移动支付平台进行一些非法操作的可能性。同时，第三方移动支付还存在用户信用风险。例如，用户可能在网上交易时无法做到及时付款，从而造成一定的经济纠纷。此外，大部分用户安全意识欠缺，在安全防护、网络欺诈等方面警惕性不高，这些都有可能给第三方移动支付平台带来不良影响。

因此在使用移动支付时，用户应提高风险防范意识，对风险有正确的认识。既要看到移动支付的安全便捷性，又要认识到移动支付还存在一些风险漏洞。目前许多网络诈骗通过移动支付进行，用户在通过非官方机构途径支付时应谨慎对待，先求证后操作。在日常生活中，用户应注意支付安全，保护好自己的支付密码，不要轻易相信外界的支付环境，面对安全漏洞应及时补救，遇到网络欺诈行为时应通过法律武器来维护自己的合法权益。

### （二）注意事项

（1）使用企业移动支付转账功能时，需仔细核对转账信息，避免错误。移动支付与银行转账不同，没有审核环节，出纳在转账时一定要更加小心。

（2）经授权使用企业移动支付的员工要注意保护企业信息，使用收付款时注意保护二维码。

（3）对使用移动支付收付款的使用范围做出限定。

（4）企业员工收款时若使用员工个人的移动支付账户，需规定在几个工作日内上交，防止员工挪用公款或卷款潜逃。例如，规定员工使用个人移动支付账户所收到的款项应在 3 个工作日内上交，否则按挪用公款处理。

（5）员工支付款项时，不可直接用移动支付中收取的款项进行支付。

（6）使用移动支付时，应注意使用安全，防止病毒侵害，可下载杀毒软件。

（7）不得使用个人账户代替企业账户进行企业日常收付业务，造成企业涉税风险。

CHAPTER 8

# 第八章 五彩缤纷的出纳实训营



## 一、实训企业概况

### （一）实训企业基本信息

名称：上海 ×× 商贸有限公司

类型：有限责任公司（自然人投资或控股）

纳税人识别号：9158012555A96L21××

住所：上海市浦东新区宣春路 128 号

法人代表：张磊

注册资本：叁拾万元整（30 万元）

银行账户名称（基本户）：中国建设银行上海浦东大道支行

62170012584300125××

银行账户名称（一般户）：中国银行上海浦东支行

1235976523××

#### 1. 实训企业登记证件

实训企业的营业执照如图 8-1 所示。

统一社会信用代码
9158012555A96L21××

营业执照

扫描二维码登录“国家企业信用信息公示系统”了解更多登记、备案、许可、监管信息

名称 上海××商贸有限公司
类型 有限责任公司（自然人投资或控股）
法定代表人 张磊
经营范围 销售电脑

注册资本 叁拾万元整
成立日期 2020年06月04日
营业期限 长期
住所 上海市浦东新区宜春路128号

登记机关
2020年06月04日

上海市工商行政管理局

请于每年1月1日至6月30日报送上年度年报

国家企业信用信息公示系统网址：http://www.gsxt.gov.cn/

国家市场监督管理总局监制

图8–1 营业执照

## 2. 实训企业印鉴章

实训企业相关的印鉴章如图 8-2 所示。

图8–2 企业印鉴章

## 3. 实训企业财务岗位设置

周凤华：财务负责人，负责财务部全面工作，审核记账凭证。

张鹏：制单会计，负责编制记账凭证、登记账簿及编制报表的工作。

朱梅：出纳，负责现金和银行存款收付、有价证券和企业证件的保管、开具支票等。

## 4. 实训企业主要部门设置

实训企业的主要部门设置如表 8-1 所示。

表8-1　企业主要部门设置

| 部门 | 姓名 | 职位 |
|---|---|---|
| 总经理办公室 | 张磊 | 总经理兼销售总监 |
| 财务部 | 周凤华 | 财务主管 |
|  | 张鹏 | 会计 |
|  | 朱梅 | 出纳 |
| 行政部 | 张军 | 部门负责人 |
|  | 王东 | 仓管员 |
| 销售部 | 张大华 | 销售员 |
| 采购部 | 张瑞 | 负责人 |



### （二）财务信息

#### 1. 库存现金管理制度

（1）财务部保存库存现金限额 10 000 元，超过部分需及时送存银行。

（2）严禁白条抵库。

（3）不得坐支现金。

（4）不得私自挪用库存现金。

（5）不得将企业的现金存至个人银行账户。

（6）严格执行现金盘点制度，做到日清月结，在盘点时发现问题需及时处理。

（7）除日常零星开支之外的款项需通过银行办理转账结算，不得直接使用现金结算，使用现金付款的需按付款时间逐笔登记日记账。

（8）由出纳人员保管的库存现金及相关证件、印鉴等重要物品需妥善保存于保险柜，不得随意放置。

（9）出纳人员支出款项时需有经办人填制付款申请单、费用报销单等单据，审批完成后出纳人员方可支付款项。

（10）财务主管每月月末需监督盘点库存现金，核查是否与账面一致，另每月需至少抽查盘点库存现金一次。

#### 2. 银行存款管理制度

（1）企业日常支出除小额零星支出外均应使用银行存款进行支付。

（2）企业有多个账户的应分别设置银行存款日记账，根据付款的日期逐笔进行登记。

（3）银行日记账应与银行对账单保持一致，如存在未达账项须编制银行存款余额调节表。

(4) 出纳人员应将收付款过程中所涉及的原始单据及时交给会计人员做账，并做好交接登记。

(5) 企业的银行账户不得借给其他企业或个人查看或者使用。

3. 印鉴、票据管理制度

(1) 企业所有的空白支票、有价证券、证件、印鉴等需存放于保险柜，不得随意乱放。

(2) 对于未使用的空白支票、收据等不得提前加盖印鉴章，防止对企业造成经济损失。

(3) 出纳领用支票需登记填写支票领用簿。

(4) 企业的印鉴章和转账所使用的 U 盾应分开保管，监督使用。

(5) 企业的印鉴章一般不得外借，除特殊情况外。

4. 费用报销制度



(1) 出纳人员在支付款项时需有经办人填写的付款申请单或报销单等，相关单据需审批完成方可支付款项。

(2) 出纳人员在付款前需核对原始单据与付款申请单据金额是否一致，内容是否真实、完整、正确，如有错误，出纳人员应拒绝付款。

(3) 企业员工借支款项，需填写借款单，并经审批通过方可借款。出纳人员借款前必须核查是否有前期未清的借款，前账不清后账不借。

(4) 报销完成需在报销单据上加盖“现金付讫”“银行付讫”等印章，避免重复付款；

(5) 付款完成后将单据转交给会计人员做账。

## (三) 审批流程

企业相关的审批流程为：经办人填写报销单 → 部门负责人审核签字 → 财务负责人审核签字 → 总经理审批 → 出纳审核付款

## (四) 期初余额

实训企业的期初余额如表 8-2 所示。

**表8-2　企业的期初余额**

| 账户 | 余额（元） |
|---|---|
| 库存现金 | 1 300 |
| 银行存款——建设银行 | 103 800 |
| 银行存款——中国银行 | 82 300 |
| 其他货币资金——微信 | 500 |

## 二、实操训练

### 【业务 1】开具收据

2022 年 12 月 1 日，投资人夏欢通过网银转账将投资款 100 万元转入公司账户。

**附单据：银行回单**

**练习：填开收据**

### 【业务 2】支付报销款

2022 年 12 月 2 日，行政部员工王东填制费用报销单报销采购办公用品费用 160 元，出纳以现金支付。

**附单据：增值税普通发票**

**练习：填写并审核报销单，现金支付**

### 【业务 3】预借差旅费

2022 年 12 月 3 日，销售部张大华从财务部预借费用 3 000 元，用于出差，出纳以网上银行（建行）支付。

付款账户：中国建设银行上海浦东大道支行

付款账号：62170012584300125××

收款人：张大华

收款账号：62170012584300156××

用途：借款

**练习：审核借支单，网银支付**

### 【业务 4】购买支票

2022 年 12 月 4 日购买转账支票，金额直接从银行划走。

**附单据：银行收费凭证（手续费 10 元，工本费 25 元，合计 35 元）**

**练习：支票领购单填写**

### 【业务 5】现金支票取现

2022 年 12 月 5 日，签发现金支票提取备用金 2 000 元。

付款行名称：中国建设银行上海浦东大道支行

银行账号：62170012584300125××

支票号码：00561125

支票用途：备用金

支票密码：0158485618567894

朱梅身份证号码 :3411251989051545××

**练习：填写支票领用登记簿，填写现金支票正反面**

### 【业务 6】转账支票付款

2022 年 12 月 10 日，采购部张强采购货物 5 万元，填制付款申请单，出纳以转账支票形式付款（建行）。

付款行名称：中国建设银行上海浦东大道支行

银行账号：62170012584300125××

支票号码：00498360

支票用途：货款

支票密码：0153 8546 4562 1266

**附单据：增值税普通发票，付款申请单**

**练习：填写支票领用登记簿，填写转账支票**

### 【业务 7】代发工资

2022 年 12 月 10 号公司通过网银系统从基本户代发上月工资。

付款账户：中国建设银行上海浦东大道支行

付款账号：62170012584300125××

收款单位：上海 ×× 商贸有限公司代发工资户

收款账户：中国建设银行上海浦东大道支行

收款账号：62170012584300685××

**附单据：工资表，付款申请单，银行回单**

**练习：熟悉网上代发业务**

### 【业务 8】微信账户充值

2022 年 12 月 12 号从公司一般户（中国银行）转 3 000 元到微信账户，用于日常费用开销。

**练习：熟悉微信资金管理界面，掌握微信账户充值**

### 【业务 9】支付宝转账

2022 年 12 月 13 日销售部张大华报销业务招待费 400 元，出纳用支付宝支付。

报销人：张大华

收款账号：62170012584300156××

收款银行：中国建设银行上海浦东大道支行

**附单据：报销单，增值税普通发票**

**练习：掌握支付宝转账**

### 【业务 10】报销差旅费，冲销借款

2022 年 12 月 15 日，销售部张大华出差回来，报销之前借支款 3 000 元，实际发生费用 2 600 元，余款现金退回。

**附单据：差旅费报销单，火车票，增值税普通发票**

**练习：审核差旅费报销，填写收据**

### 【业务 11】存现

2022 年 12 月 15 日，出纳朱梅盘点完现金后，准备将 400 元现金存入公司银行账户（建行），面额 100 人民币 4 张。

**练习：填写现金缴款单**

### 【业务 12】查询货款

2022 年 12 月 20 日，收到销售部通知深圳 ×× 公司交来货款定金 2 万元转入基本户。

**附单据：银行回单**

**练习：网银系统查询收款**

### 【业务 13】销售商品

2022 年 12 月 19 日，向上海 ×× 有限公司销售电脑 3 台，合计金额 12 360 元。

销售方信息：

名称：上海 ×× 商贸有限公司

税号：9158012555A96L21××

地址、电话：上海市浦东新区宣春路 128 号 021-576596××

开户行及账号：中国建设银行上海浦东大道支行 62170012584300125××

购买方信息：

名称：上海 ×× 有限公司

税号：9158012555A96753××

地址、电话：上海市浦东新区宣春路 008 号 021-576574××

开户行及账号：中国建设银行上海浦东支行 58012555465896832 1××

**附单据：增值税普通发票，银行回单**

**练习：增值税普通发票开具**

**【业务 14】网银付款**

2022 年 12 月 20 日，向上海 ×× 电子有限公司购买电脑 10 台，一共支付 28 250 元，使用网银（建行）付款。



收款人：上海 ×× 电子有限公司

收款账号：3782661677××

开户行：中国建设银行上海浦东支行

**附单据：增值税发票，银行回单，入库单**

**练习：填写付款申请单，网银付款**

**【业务 15】收到转账支票**

2022 年 12 月 21 日，收到广西 ×× 商贸有限公司签发的金额为 5 万元的转账支票，用来支付货款，出纳已经办理进账手续。

**附单据：转账支票**

**练习：填写进账单**

**【业务 16】承兑收款**

2022 年 12 月 22 日，收到北京 ×× 商贸有限公司开具的纸质银行承兑汇票 20 万元，用来支付货款。

**附单据：银行承兑汇票**

**练习：填写承兑收款的收据**

**【业务 17】转让承兑汇票**

2022 年 12 月 22 日，将上一业务中北京 ×× 商贸有限公司开具的银行承兑汇票背书转给

厦门 ×× 商贸有限公司。

**附单据：银行承兑汇票**

**练习：承兑背书转让**

## 【业务 18】开具银行承兑汇票

2022 年 12 月 24 日，采购部门申请支付上海 ×× 科技有限公司货款 26 万元，总经理决定开具银行承兑汇票支付。

**练习：开具银行承兑汇票**

## 【业务 19】 现金盘亏

2022 年 12 月 30 日，出纳盘点现金发现现金短缺 300 元，现金的账面余额为 3 140 元，实点现金余额为 2 840 元（28 张 100 元人民币，4 张 10 元人民币）。

**练习：填写库存现金盘点表**

## 【业务 20】处理盘亏结果

2022 年 12 月 31 日，经核查，短缺 300 元由出纳工作失误造成，出纳交来赔偿金现金 300 元整，会计收钱并填写收据。

**练习：处理盘亏**

## 【业务 21】2022 年 12 月 31 日，登记库存现金日记账

企业信息：上海 ×× 商贸有限公司

账簿启用日期：2022 年 12 月 1 日

账簿启用期初余额：1 300 元

发生以下涉及库存现金业务：

(1) 2022 年 12 月 2 日报销办公用品费 160 元整。

(记第 2 号；摘要：报销办公用品)

(2) 2022 年 12 月 5 日提取备用金 2 000 元整。

(记第 5 号；摘要：提取备用金)

(3)2022 年 12 月 15 日员工张大华报销 2 600 元，归还借支款 400 元整，冲销之前 3 000 借款。

(记第 10 号；摘要：张大华归还借支款)

(4) 2022 年 12 月 15 日存现 400 元整。

（记第 11 号；摘要：存现）

（5）2022 年 12 月 30 日现金短缺 300 元整。

（记第 19 号；摘要：现金短缺）

（6）2022 年 12 月 31 日出纳赔偿 200 元整。

（记第 20 号；摘要：出纳赔偿）

（7）登记本月合计。

**练习（考查要点）：启用及填制库存现金日记账簿**

### 【业务 22】更正日记账

2022 年 12 月 31 日，发现登记的出纳赔偿金额应该为 300 元，需更正。（记账凭证无误）

**练习：更正日记账**



### 【业务 23】登记银行存款日记账

企业信息：上海 ×× 商贸有限公司

账簿启用日期：2022 年 12 月 1 日

账簿启用期初余额：中国建设银行上海浦东大道支行 103 800 元

中国银行上海浦东支行 82 300 元

中国建设银行发生以下涉及银行存款业务：

（1）2022 年 12 月 1 日收到股东投资款 1 000 000 元整。

（记第 1 号；摘要：收到投资款）

（2）2022 年 12 月 3 日预借差旅费 3 000 元整。

（记第 3 号；摘要：预借差旅费）

（3）2022 年 12 月 4 日购买支票 35 元整。

（记第 4 号；摘要：购买支票）

（4）2022 年 12 月 5 日提取备用金 2 000 元。

（记第 5 号；摘要：提取备用金）

（5）2022 年 12 月 10 日用转账支票支付货款 50 000 元整。

（记第 6 号；摘要：支付货款）

（6）2022 年 12 月 10 日银行代发工资 39 577 元整。

（记第 7 号；摘要：支付上月工资）

（7）2022 年 12 月 15 日收到张大华出差退回款 400 元整。

（记第 11 号；摘要：存现）

（8）2022 年 12 月 20 日收到购货定金 20 000 元整。

（记第 12 号；摘要：收到预付款）

（9）2022 年 12 月 20 日网银支付货款 28 250 元整。

（记第 14 号；摘要：支付货款）

（10）2022 年 12 月 21 日收到转账支票 50 000 元整。

（记第 15 号；摘要：收到转账支票）

（11）2022 年 12 月 30 日用转账支票付款 156 450 元整。

（记第 21 号；摘要：转账支票付款）

（12）2022 年 12 月 31 日销售一批货物 30 900 元整，货物已发并向银行办理托收承付的手续。

（记第 22 号；摘要：托收承付收货款）

（13）登记本月合计。

中国银行发生以下涉及银行存款业务

（14）2022 年 12 月 12 日向微信账户充值 3 000 元。

（记第 8 号；摘要：微信账户充值）

**练习（考查要点）：填制银行存款日记账多账户**

### 【业务 24】对账，编制银行存款余额调节表

2022 年 12 月 31 日，建设银行存款日记账的余额为 925 788 元，而银行转来的对账单的余额为 1 051 338 元，经过逐笔核对发现有以下未达标账项。

12 月 30 日，企业因采购材料开出转账支票 156 450 元，持票人尚未到银行办理转账。

12 月 31 日，企业委托银行代收的款项 30 900 元，企业已经入账，银行尚未办理结算。

**练习：编制银行余额调节表**

## 三、实操训练相关的票据展示

实操训练相关的票据参见图 8-3 至图 8-57，读者可根据所学的知识进行练习。

注：本章所附图表均为实训教学配套资料，其中所列信息、数据仅作学习使用。

**收　据**　　No 0001267

年　月　日

交款单位 ________　收款方式 ________

人民币（大写）________　¥ ________

收款事由 ________

三 记账联

单位盖章　　财务主管　　记账　　出纳　　经办

图8–3　业务1所涉收据

中国建设银行 China Construction Bank　　**中国建设银行单位客户专用回单**

1010028541803040761125691

货币：人民币　　2022年12月01日　　流水号：3404868080NP4A2F0A

| | | | | | |
|---|---|---|---|---|---|
| 付款方 | 全　称 | 夏欢 | 收款方 | 全　称 | 上海××商贸有限公司 |
| | 账　号 | 62280485123545631×× | | 账　号 | 62170012584300125×× |
| | 开户行 | 农业银行上海宝安路支行 | | 开户行 | 中国建设银行上海浦东大道支行 |
| 金　额 | | （大写）人民币壹佰万元整 | （小写）¥1000000.00 | | |
| 凭证种类 | | 电子转账凭证 | 凭证号码 | | 1003519326×× |
| 结算方式 | | 转账 | 用　途 | | 投资款 |
| | | | 打印柜员：340486808003<br>打印机构：中国建设银行上海浦东大道支行<br>打印卡号：6217001258430012586 | | |

（借方回单）

中国建设银行 电子回单专用章

打印时间：2022-12-01　13:04:28　　交易柜员：　　交易机构：340486800

本回单可通过网点自助设备或中国建设银行网站校验码验真伪

图8–4　业务1所涉银行回单

装订线

# 报销单

编号＿＿＿＿

开支项目＿＿＿＿＿＿＿＿＿＿附单据张数＿＿＿＿＿＿附件张数＿＿＿＿

共报销人民币（大写）　　　　　　　　　　　　　　¥

| 报销部门： | 签名： | 年　月　日 | 说明： |
|---|---|---|---|
| 负责人审批意见：<br><br>年　月　日 | 财务审核意见：<br><br>年　月　日 | 部门意见：<br><br>年　月　日 | |

图8–5　业务2所涉报销单

# 上海增值税普通发票

3100154350　　№70446210　　3100154350 70446210

全国统一发票监制章 上海 国家税务总局监制

发票联

机器编码：3222143156

开票日期：2022年12月02日

| | | | |
|---|---|---|---|
| 购买方 | 名　　称：上海××商贸有限公司<br>纳税人识别号：9158012555A96L21××<br>地址、电话：上海市浦东新区宣春路128号021-576596××<br>开户行及账号：中国建设银行上海浦东大道支行62170012584300125×× | 密码区 | 33*<9759/>985>/3<622953<-4>*29766432132265<br>0532+-181182//-44*1<001-3000042*1>5++6>>169<br>01-3000042*1>5++6>>1633*<9759/>985>/3<6229<br>9>/3<622953<-4>*2976+-181182//-44*1<001-3432 |

| 货物或应税劳务、服务名称 | 规格型号 | 单位 | 数量 | 单价 | 金额 | 税率 | 税额 |
|---|---|---|---|---|---|---|---|
| *纸制品*A4纸 | | 箱 | 3 | 53.33 | 160.00 | 免税 | *** |
| 合　计 | | | | | ¥160.00 | | *** |
| 价税合计（大写） | ⊗壹佰陆拾元整 | | | | （小写）¥ 160.00 | | |

| | | | |
|---|---|---|---|
| 销售方 | 名　　称：上海××科贸有限公司<br>纳税人识别号：9144005178902100××<br>地址、电话：上海市普陀区交通路1565号上海通联大厦707号<br>开户行及账号：中国农业银行上海人民中路支行 6228758212368521４×× | 备注 | 上海××科贸有限公司 9144005178902100×× 发票专用章 |

收款人：何诗莉　　复核：张敏　　开票人：李佳佳　　销售方（章）

税总函【2018】340号浙江莱织印刷股份有限公司

第二联：发票联　购货方记账凭证

图8–6　业务2所涉增值税普通发票

## 借支单

2022 年12月03日　　　　第　　　号

| | | | |
|---|---|---|---|
| 单位或姓名 | 张大华 | | |
| 借支事由 | 销售部出差预支差旅费 | | |
| 今借到人民币(大写) | 叁仟元整 | ¥3000.00 | |
| 备注 | | | |

核准:张磊　　　　出纳:　　　　借款人:张大华

图8–7　业务3所涉借支单

中国建设银行 China Construction Bank　　中国建设银行单位客户专用回单

101002854180304076112569

货币:人民币　　2022年12月03日　　流水号:3404868080NP4A2F0A

| | | | | | |
|---|---|---|---|---|---|
| 付款方 | 全　称 | 上海××商贸有限公司 | 收款方 | 全　称 | 张大华 |
| | 账　号 | 62170012584300125×× | | 账　号 | 62170012584300156×× |
| | 开户行 | 中国建设银行上海浦东大道支行 | | 开户行 | 中国建设银行上海浦东支行 |
| 金　额 | | (大写)人民币叁仟元整 | | (小写)¥3000.00 | |
| 凭证种类 | | 电子转账凭证 | 凭证号码 | | 1003519326×× |
| 结算方式 | | 转账 | 用　途 | | 借款 |
| | | | 打印柜员:340486808003<br>打印机构:中国建设银行上海浦东大道支行<br>打印卡号:62170012584300125686 | | |

（借方回单）

本回单可通过网点自助设备或中国建设银行网站校验码验真伪

打印时间:2022-12-03　13:04:28　　交易柜员:　　交易机构:340486800

图8–8　业务3所涉银行回单

当用完此簿需再领购支票时，请填写右列的“支票领购单”并盖预留银行签章，送至本行办理，领取新支票簿。

支票领购单

年　月　日

| | | | | |
|---|---|---|---|---|
| 户　名 | | | 账　号 | |
| 领购数量 | | 起讫号码 | 自　　号至　　号 | |
| 领用单位签章：（预留银行签章） | | | 领购单位经办员姓　名 | 签收 |
| | | | 身份证号码 | |
| | | | 以下银行填写：<br>经发：　　验印： | |

图8-9　业务4所涉支票领购单

中国建设银行 China Construction Bank

# 业 务 收 费 凭 证

币别：人民币　　2022年12月04日　　流水号：4002045748720

| | | | | | |
|---|---|---|---|---|---|
| 付款单位 | 上海××商贸有限公司 | | 账号 | 6217001258430012586×× | |
| 项目名称 | 工本费 | 手续费 | 电子汇划款 | 金额 | |
| 转账支票 | 25.00 | 10.00 | 0.00 | 35.00 | |
| | | | | | |
| | | | | | |
| 金额合计 | 人民币叁拾伍元整 | | | （小写）¥35.00元 | |
| 付款方式 | 银行划扣 | | | | |
| 业务类型： | 对公业务 | | | | |

中国建设银行 上海浦东支行 2022-12-04 业务讫 2

会计主管：　　授权：　赵瑞　　复核：　李舒　　制单：　王宁

图8-10　业务4所涉业务收费凭证

## 支票领用登记簿

支票类别:　　　　　　　　　　年　　月　　　　　　　　　银行账号:

| 日期 | | 支票号码 | 支票用途 | 预计金额 | | | | | | | | | | | 领用人 | 核销日期 | | 退票日期 | | 备注 |
|---|---|---|---|---|---|---|---|---|---|---|---|---|---|---|---|---|---|---|---|---|
| 月 | 日 | | | 亿 | 千 | 百 | 十 | 万 | 千 | 百 | 十 | 元 | 角 | 分 | | 月 | 日 | 月 | 日 | |
| | | | | | | | | | | | | | | | | | | | | |
| | | | | | | | | | | | | | | | | | | | | |
| | | | | | | | | | | | | | | | | | | | | |
| | | | | | | | | | | | | | | | | | | | | |
| | | | | | | | | | | | | | | | | | | | | |
| | | | | | | | | | | | | | | | | | | | | |
| | | | | | | | | | | | | | | | | | | | | |
| | | | | | | | | | | | | | | | | | | | | |

图8-11　业务5所涉支票领用登记簿

中国建设银行
现金支票存根
10606251
00561125
附加信息
出票日期　年　月　日
收款人:
金　额:
用　途:
单位主管　会计
上海金达证券印制有限公司·2019年印制

中国建设银行 China Construction Bank 现金支票　10606251 00561125
付款期限自出票之日起十天
出票日期（大写）　年　月　日　付款行名称:
收款人:　出票人账号:
人民币（大写）　亿 千 百 十 万 千 百 十 元 角 分
用途　密码
上列款项请从
我账户内支付
出票人签章　复核　记账

图8-12　业务5所涉现金支票正面

上海金达证券印制有限公司·2019年印制

附加信息：

收款人签章
年　月　日

身份证件名称：　　　　发证机关：

号码

（贴粘单处）

根据《中华人民共和国票据法》等法律法规的规定，签发空头支票由中国人民银行处以票面金额5%但不低于1000元的罚款。

**图8-13　业务5所涉现金支票反面**

## 支 票 领 用 登 记 簿

支票类别：　　　　　　　　年　　月　　　　　　　　银行账号：

| 日期 | | 支票号码 | 支 票 用 途 | 预 计 金 额 | | | | | | | | | | | 领 用 人 | 核 销 日 期 | | 退 票 日 期 | | 备　　注 |
|---|---|---|---|---|---|---|---|---|---|---|---|---|---|---|---|---|---|---|---|---|
| 月 | 日 | | | 亿 | 千 | 百 | 十 | 万 | 千 | 百 | 十 | 元 | 角 | 分 | | 月 | 日 | 月 | 日 | |
| | | | | | | | | | | | | | | | | | | | | |
| | | | | | | | | | | | | | | | | | | | | |
| | | | | | | | | | | | | | | | | | | | | |
| | | | | | | | | | | | | | | | | | | | | |
| | | | | | | | | | | | | | | | | | | | | |
| | | | | | | | | | | | | | | | | | | | | |
| | | | | | | | | | | | | | | | | | | | | |
| | | | | | | | | | | | | | | | | | | | | |

**图8-14　业务6所涉支票领用登记簿**

中国建设银行
转账支票存根
10309310
00498360
附加信息
出票日期　年　月　日
收款人：
金　额：
用　途：
单位主管　会计

上海金达证券印制有限公司·2019年印制

中国建设银行 China Construction Bank 转账支票
10309310
00498360
出票日期（大写）　年　月　日　付款行名称：
收款人：　出票人账号：
人民币（大写）　亿 千 百 十 万 千 百 十 元 角 分
用途　密码
上列款项请从
我账户内支付
出票人签章　复核　记账
付款期限自出票之日起十天

图8-15　业务6所涉转账支票

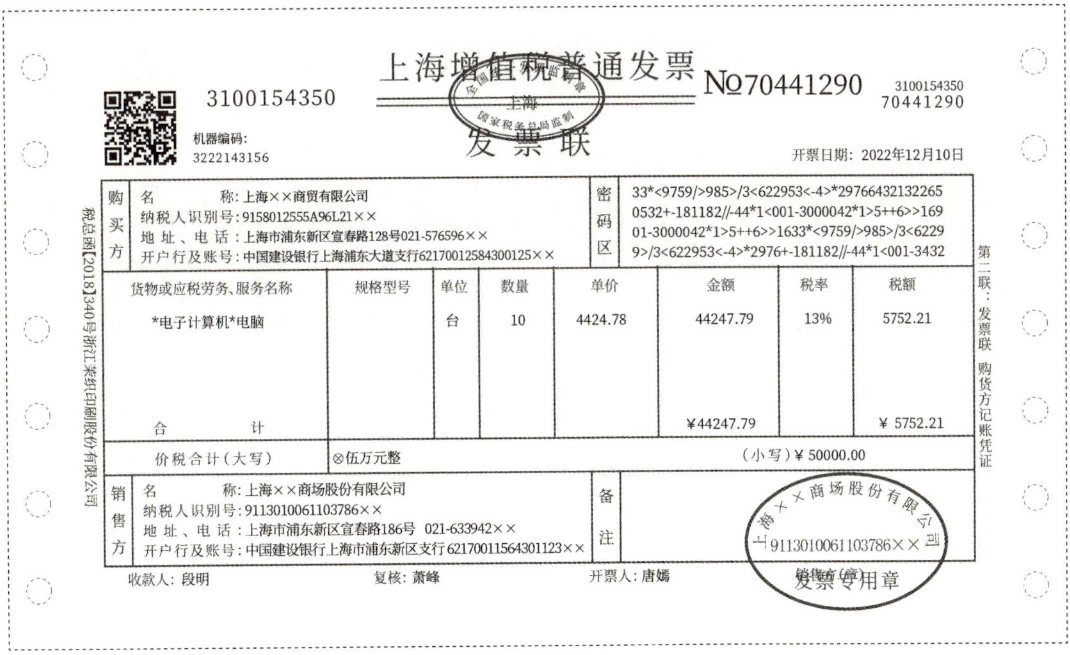

上海增值税普通发票　№70441290
3100154350　3100154350 70441290
发票联
机器编码：3222143156　开票日期：2022年12月10日

购买方　名　称：上海××商贸有限公司
纳税人识别号：9158012555A96L21××
地 址、电 话：上海市浦东新区宜春路128号021-576596××
开户行及账号：中国建设银行上海浦东大道支行62170012584300125××

密码区　33*<9759/>985>/3<622953<-4>*29766432132265
0532+-181182//-44*1<001-3000042*1>5++6>>169
01-3000042*1>5++6>>1633*<9759/>985>/3<6229
9>/3<622953<-4>*2976+-181182//-44*1<001-3432

| 货物或应税劳务、服务名称 | 规格型号 | 单位 | 数量 | 单价 | 金额 | 税率 | 税额 |
|---|---|---|---|---|---|---|---|
| *电子计算机*电脑 | | 台 | 10 | 4424.78 | 44247.79 | 13% | 5752.21 |
| 合　计 | | | | | ¥44247.79 | | ¥ 5752.21 |
| 价税合计（大写） | ⊗伍万元整 | | | | （小写）¥ 50000.00 | | |

销售方　名　称：上海××商场股份有限公司
纳税人识别号：91130100611O3786××
地 址、电 话：上海市浦东新区宜春路186号　021-633942××
开户行及账号：中国建设银行上海市浦东新区支行 62170011564301123××
备注
收款人：段明　复核：萧峰　开票人：唐嫣　销售方（章）

税总函[2018]340号浙江荣织印刷股份有限公司
第二联：发票联　购货方记账凭证

图8-16　业务6所涉增值税普通发票

# 付款申请单

2022年 12 月 10 日

| | | | |
|---|---|---|---|
| 往来单位 | 上海××商场股份有限公司 | | 付款原因：采购货物<br>付款方式：转账支票支付 |
| 账　　号 | 6217001156430123×× | | |
| 开 户 行 | 中国建设银行上海市浦东新区支行 | | |
| 金　　额 | 伍万元整 | | |
| 申 请 人 | 张瑞 | ¥ 50000.00 | |
| 审批 张磊 2022.12.10 | | 财务 周凤华 2022.12.10 | |

**图8-17　业务6所涉付款申请单**

**11月工资表**

| 部门 | 姓名 | 应发工资 | 个人社保 | 个人公积金 | 个税 | 实发金额 |
|---|---|---|---|---|---|---|
| 总经理办公室 | 张磊 | 8,000.00 | 325.00 | 400.00 | 68.25 | 7,206.75 |
| 行政部 | 张军 | 6,000.00 | 325.00 | 400.00 | 8.25 | 5,266.75 |
| | 王东 | 5,000.00 | 325.00 | 400.00 | 0.00 | 4,275.00 |
| 采购部 | 张瑞 | 4,000.00 | 325.00 | 400.00 | 0.00 | 3,275.00 |
| 财务部 | 周凤华 | 7,000.00 | 325.00 | 400.00 | 38.25 | 6,236.75 |
| | 张鹏 | 5,000.00 | 325.00 | 400.00 | 0.00 | 4,275.00 |
| | 朱梅 | 4,500.00 | 325.00 | 400.00 | 0.00 | 3,775.00 |
| 销售部 | 张大华 | 6,000.00 | 325.00 | 400.00 | 8.25 | 5,266.75 |
| 合计 | | 45,500.00 | 2,600.00 | 3,200.00 | 123.00 | 39,577.00 |

**图8-18　业务7所涉工资表**

# 付款申请单

2022年 12 月 10 日

| | | | |
|---|---|---|---|
| 往来单位 | 上海××商贸有限公司代发工资户 | | 付款原因：工资<br>付款方式：建设银行支付 |
| 账　　号 | 62170012584300685×× | | |
| 开 户 行 | 中国建设银行上海浦东大道支行 | | |
| 金　　额 | 叁万玖仟伍佰柒拾柒元整 | | |
| 申 请 人 | 朱梅 | ¥ 39577.00 | |
| 审批 | 张磊 2022.12.10 | 财务 周凤华 2022.12.10 | |

图8-19　业务7所涉付款申请单

中国建设银行 China Construction Bank　　中国建设银行单位客户专用回单

101002854180304076112569

货币：人民币　　2022年12月10日　　流水号：3404868080NP4A2F0A

| | | | | | |
|---|---|---|---|---|---|
| 付款方 | 全　称 | 上海××商贸有限公司 | 收款方 | 全　称 | 上海××商贸有限公司代发工资户 |
| | 账　号 | 62170012584300125×× | | 账　号 | 62170012584300685×× |
| | 开户行 | 中国建设银行上海浦东大道支行 | | 开户行 | 中国建设银行上海浦东大道支行 |
| 金　额 | | (大写)人民币叁万玖仟伍佰柒拾柒元整 | (小写)¥39577.00 | | |
| 凭证种类 | | 电子转账凭证 | 凭证号码 | | 100351932612 |
| 结算方式 | | 转账 | 用　途 | | 工资 |
| | | | 打印柜员：34048680800<br>打印机构：中国建设银行上海浦东大道支行<br>打印卡号：6217001258430012586 | | |

（借方回单）

中国建设银行 电子回单 专用章

打印时间：2022-12-10　13:04:28　　交易柜员：　　交易机构：340486800

本回单可通过网点自助设备或中国建设银行网站校验码验真伪

图8-20　业务7所涉银行回单

中国银行 BANK OF CHINA

**中国银行单位客户专用回单**

101002854180304076166649

货币：人民币　　2022年12月12日　　流水号：3404868080NP4A2F0A

| | | | | | |
|---|---|---|---|---|---|
| 付款方 | 全　称 | 上海××商贸有限公司 | 收款方 | 全　称 | 上海××商贸有限公司 |
| | 账　号 | 1235976523×× | | 账　号 | 1287398406×× |
| | 开户行 | 中国银行上海浦东支行 | | 开户行 | 中国银行上海浦东支行 |
| 金　　额 | | （大写）人民币叁仟元整 | | | （小写）¥3000.00 |
| 凭证种类 | | 电子转账凭证 | | 凭证号码 | 100351932612 |
| 结算方式 | | 转账 | | 用　　途 | 微信充值 |
| | | | | 打印柜员：340486808001<br>打印机构：中国银行上海浦东支行<br>打印卡号：123597652311 | |

（借方回单）

本回单可通过网点自助设备或中国银行网站校验码验真伪

中国银行 电子回单专用章

打印时间：2022-12-12　13:04:28　　交易柜员：　　交易机构：340486800

图8-21　业务8所涉银行回单

微信收款回单详情

| | |
|---|---|
| 业务名称 | 交易 |
| 业务类型 | 交易 |
| 微信支付关联单号 | 4200000463202212126678714×× |
| 业务单号 | 420000046320221212667871422×× |
| 业务凭证号 | 20221212015222308000×× |
| 记账时间 | 2022-12-12　09:53:58 |
| 入账类型 | 充值 |
| 收支金额（元） | 3000.00 |

财付通支付科技有限公司 业务凭证专用章

图8-22　业务8所涉微信收款回单

装订线

# 报销单

编号______

开支项目 招待费　　附单据张数 1张　　附件张数 1张

共报销人民币(大写)肆佰元整　　¥400.00

| 报销部门:销售部 | 签名:张大华 2022年12月13日 | | 说明: |
|---|---|---|---|
| 负责人审批意见:<br>张磊<br>2022年12月13日 | 财务审核意见:<br>周凤华<br>2022年12月13日 | 部门意见:<br>张磊<br>2022年12月13日 | |

图8-23 业务9所涉报销单

安徽增值税普通发票

3100154350　　№70446260　　3100154350 70446260

全国统一发票监制章 安徽 国家税务总局监制

发票联

机器编码:3222143156　　开票日期:2022年12月13日

| 购买方 | 名　称:上海××商贸有限公司<br>纳税人识别号:9158012555A96L21××<br>地址、电话:上海市浦东新区宣春路128号021-576596××<br>开户行及账号:中国建设银行上海浦东大道支行62170012584300125×× | 密码区 | 33*<9759/>985>/3<622953<-4>*29766432132265<br>0532+-181182//-44*1<001-3000042*1>5++6>>169<br>01-3000042*1>5++6>>1633*<9759/>985>/3<6229<br>9>/3<622953<-4>*2976+-181182//-44*1<001-3432 |
|---|---|---|---|

| 货物或应税劳务、服务名称 | 规格型号 | 单位 | 数量 | 单价 | 金额 | 税率 | 税额 |
|---|---|---|---|---|---|---|---|
| *餐饮服务*餐费 | | | | 377.36 | 377.36 | 6% | 22.64 |
| 合　计 | | | | | ¥377.36 | | ¥22.64 |
| 价税合计(大写) | ⊗肆佰元整 | | | | (小写)¥400.00 | | |

| 销售方 | 名　称:合肥××阁餐饮有限公司<br>纳税人识别号:9113010061103786××<br>地址、电话:合肥市经开区翡翠路186号 021-633942××<br>开户行及账号:招商银行合肥市经开区翡翠路支行 6213697214473×× | 备注 | 合肥××阁餐饮有限公司 9113010061103786×× 发票专用章 |
|---|---|---|---|

收款人:段明　　复核:萧峰　　开票人:唐嫣　　销售方(章)

税总函[2018]340号浙江荣织印刷股份有限公司

第二联:发票联 购货方记账凭证

图8-24 业务9所涉增值税普通发票

付款账户 3599025752@qq.com 可用余额 800.00 元　　　　批量付款 | 转账规则说明

收款账户 从历史记录中选择 ▼ | 添加银行账户

户名：张大华

向本公司银行账户转账，请点击这里

账户类型：◉ 个人账户　○ 公司账户

账户号：6217001258430015676

开户银行：中国建设银行

开户地区：上海市浦东新区

开户支行：浦东大道支行

转账金额：400.00 元

备注：报销款

银行服务类型：◉ 当日24点前到账
○ 下个工作日24点前到账
注：实际到账时间请以银行时间为准

服务费 查看收费标准

图8-25　业务9所涉网银转账界面

收　　据　　　　No 0001268

年　　月　　日

交款单位 ______________ 收款方式 ______________

人民币（大写）______________ ¥ ______________

收款事由 ______________

三 记账联

单位盖章　　　财务主管　　记账　　出纳　　经办

图8-26　业务10所涉收据

## 差旅费报销单

日期：2022年12月15日

| 出差人：张大华 | | | | 事由：报销差旅费 | | | | | | | |
|---|---|---|---|---|---|---|---|---|---|---|---|
| 起止时间及地点 | | | | 交通费 | | 出差补贴 | | | | 其他 | |
| 起点 | 月 | 日 | 终点 | 交通工具 | 金额 | 项目 | 人数 | 天数 | 补贴金额 | 项目 | 金额 |
| 上海 | 12 | 04 | 合肥 | 高铁 | 243.50 | 伙食补贴 | 1 | 10 | 1000.00 | 住宿 | 1113.00 |
| 合肥 | 12 | 14 | 上海 | 高铁 | 243.50 | | | | | | |
| | | | | | | | | | | | |
| | | | | | | | | | | | |
| | | | | | | | | | | | |
| | | | | | | | | | | | |
| | | | | | | | | | | | |
| 合计(大写)：贰仟陆佰元整 | | | | | | ¥2600.00 | | | 预支 3000.00 | 退回补领 | 400.00 |
| 主管：周凤华 | | | | 复核：张鹏 | | 出纳：朱梅 | | | 报销人：张大华 | | |

图8-27　业务10所涉差旅费报销单

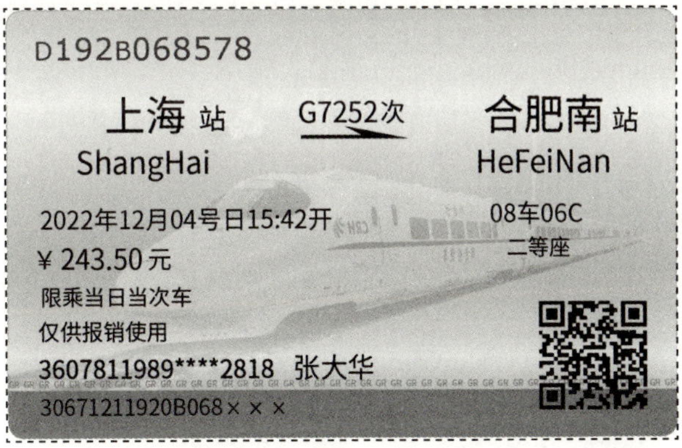

D192B068578

上海站　G7252次　合肥南站

ShangHai　HeFeiNan

2022年12月04号日15:42开　08车06C

¥243.50元　二等座

限乘当日当次车

仅供报销使用

3607811989****2818 张大华

30671211920B068×××

图8-28　业务10所涉火车票1

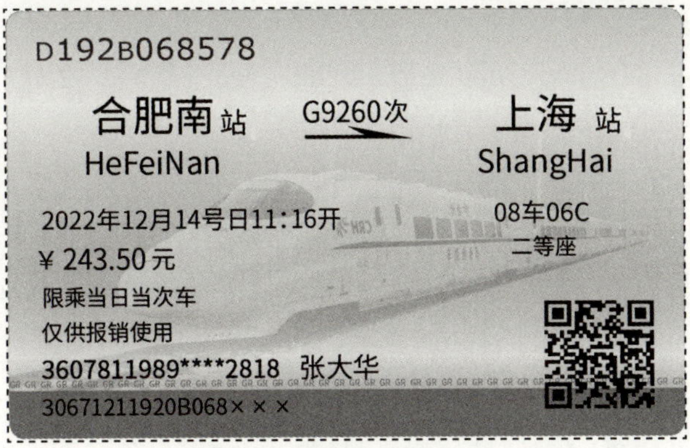

D192B068578

合肥南站　G9260次　上海站

HeFeiNan　ShangHai

2022年12月14号日11:16开　08车06C

¥243.50元　二等座

限乘当日当次车

仅供报销使用

3607811989****2818 张大华

30671211920B068×××

图8-29　业务10所涉火车票2

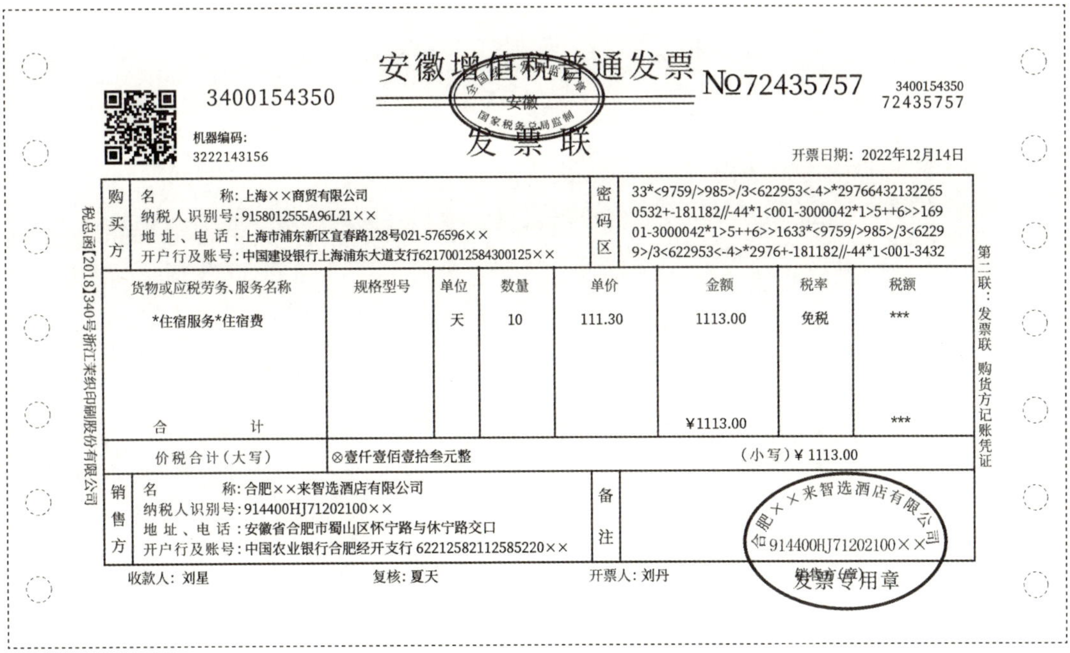

3400154350　安徽增值税普通发票　№72435757　3400154350 72435757

发票联

机器编码：3222143156　开票日期：2022年12月14日

| | | | | | | | |
|---|---|---|---|---|---|---|---|
| 购买方 | 名称：上海××商贸有限公司<br>纳税人识别号：9158012555A96L21××<br>地址、电话：上海市浦东新区宜春路128号021-576596××<br>开户行及账号：中国建设银行上海浦东大道支行62170012584300125×× | | | 密码区 | 33*<9759/>985>/3<622953<-4>*29766432132265<br>0532+-181182//-44*1<001-3000042*1>5++6>>169<br>01-3000042*1>5++6>>1633*<9759/>985>/3<6229<br>9>/3<622953<-4>*2976+-181182//-44*1<001-3432 | | |
| 货物或应税劳务、服务名称 | 规格型号 | 单位 | 数量 | 单价 | 金额 | 税率 | 税额 |
| *住宿服务*住宿费 | | 天 | 10 | 111.30 | 1113.00 | 免税 | *** |
| 合计 | | | | | ¥1113.00 | | *** |
| 价税合计（大写） | ⊗壹仟壹佰壹拾叁元整 | | | | （小写）¥1113.00 | | |
| 销售方 | 名称：合肥××来智选酒店有限公司<br>纳税人识别号：914400HJ71202100××<br>地址、电话：安徽省合肥市蜀山区怀宁路与休宁路交口<br>开户行及账号：中国农业银行合肥经开支行62212582112585220×× | | | 备注 | | | |

收款人：刘星　复核：夏天　开票人：刘丹　销售方（章）

税总函〔2018〕340号浙江荣织印刷股份有限公司

第二联：发票联　购货方记账凭证



图8-30　业务10所涉增值税普通发票

中国建设银行 China Construction Bank

**现金缴款单**　　0003052

币别：☐人民币 ☐________　　　　年　　月　　日　　　　流水号：

| | | | | |
|---|---|---|---|---|
| 单位填写 | 收款单位 | | 缴款人 | |
| | 账(卡)号 | | 款项来源 | |
| | 金额(大写) | | | 亿 千 百 十 万 千 百 十 元 角 分 |
| 银行确认栏 | 现金回单(无银行打印记录及银行签章此单无效) | | | |

第一联　银行存留

主管：　　　　授权：　　　　复核：　　　　经办：

图8-31　业务11所涉现金缴款单

中国建设银行 China Construction Bank | 企业网上银行

**查询明细**

* 账户列表　6217001258430012586 上海

* 子账户列表　人民币 活期储蓄 活期 钞 开户日期：

▸ 如果近期子账户信息发生变动,请点击"获取子账户信息"。

* 起止日期　2022-12-20　2022-12-20　　当天　七天　一个月　三个月　更多筛选条件

确认　取消

⊞ 查询本日

签约分行：上海市 币种：人民币 账号：6217001258430012586 别名：

| 记账日 | 交易时间 | 支出 | 收入 | 账户余额 | 对方账号 | 对方户名 | 币种 | 摘要 | 交易地点/附言 |
|---|---|---|---|---|---|---|---|---|---|
| 20221220 | 20221220 15:34:02 | 0.00 | 20000.00 | 1277250.00 | 914400HJ7120210010 | 深圳××有限公司 | 人民币 | 货物定金 | 中国建设银行深圳东华支行 |

图8-32　业务12所涉网银转账界面

**中国建设银行** China Construction Bank

**中国建设银行单位客户专用回单**

101002854180304076112569

货币：人民币　　2022年12月20日　　流水号：3404868080NP4A2F0A

| | | | | | |
|---|---|---|---|---|---|
| 付款方 | 全　称 | 深圳××有限公司 | 收款方 | 全　称 | 上海××商贸有限公司 |
| | 账　号 | 914400HJ71202100×× | | 账　号 | 62170012584300125×× |
| | 开户行 | 中国建设银行深圳东华支行 | | 开户行 | 中国建设银行上海浦东大道支行 |
| 金　额 | | (大写)人民币贰万元整 | | | (小写)¥20000.00 |
| 凭证种类 | | 电子转账凭证 | 凭证号码 | | 1003519326×× |
| 结算方式 | | 转账 | 用　途 | | 货款定金 |
| | | | 打印柜员：340486808008<br>打印机构：中国建设银行上海浦东大道支行<br>打印卡号：62170012584300125×× | | |

（借方回单）

打印时间：2022-12-20　13:04:28　　交易柜员：　　交易机构：340486800

本回单可通过网点自助设备或中国建设银行网站校验码验真伪

（印章：中国建设银行 电子回单 专用章）

**图8-33　业务12所涉银行回单**

**上海增值税普通发票**

（印章：全国统一发票监制章 上海 国家税务总局监制）

1100154350　　№72435763　　1100154350 72435763

**记　账　联**

机器编码：3222143156　　开票日期：2022年12月20日

| | | | | | | | |
|---|---|---|---|---|---|---|---|
| 购买方 | 名　　称：上海××有限公司<br>纳税人识别号：9158012555A96753××<br>地　址、电　话：上海市浦东新区宣春路008号021-57657458<br>开户行及账号：中国建设银行上海浦东支行580125554658968321×× | | | | 密码区 | 33*<9759/>985>/3<622953<-4>*29766432132265<br>0532+-181182//-44*1<001-3000042*1>5++6>>169<br>01-3000042*1>5++6>>1633*<9759/>985>/3<6229<br>9>/3<622953<-4>*2976+-181182//-44*1<001-3432 | |
| 货物或应税劳务、服务名称 | 规格型号 | 单位 | 数量 | 单价 | 金额 | 税率 | 税额 |
| *电子计算机*电脑 | | 台 | 3 | 4120.00 | 12360.00 | 免税 | *** |
| 合　　计 | | | | | ¥12360.00 | | *** |
| 价税合计（大写） | ⊗壹万贰仟叁佰陆拾元整 | | | | （小写）¥ 12360.00 | | |
| 销售方 | 名　　称：上海××商贸有限公司<br>纳税人识别号：9158012555A96L21××<br>地　址、电　话：上海市浦东新区宣春路128号021-576596××<br>开户行及账号：中国建设银行上海浦东大道支行62170012584300125×× | | | | 备注 | | |

收款人：朱梅　　复核：周凤华　　开票人：朱梅　　销售方（章）

（印章：上海××商贸有限公司 9158012555A96L21×× 发票专用章）

税总函【2018】340号浙江莱织印刷股份有限公司

第一联：记账联　销货方记账凭证

**图8-34　业务13所涉增值税普通发票**

中国建设银行 China Construction Bank

**中国建设银行单位客户专用回单**

1010028541803040761125 69

货币：人民币　　2022年12月19日　　流水号：3404868080NP4A2F0A

| | | | | | |
|---|---|---|---|---|---|
| 付款方 | 全　称 | 上海××有限公司 | 收款方 | 全　称 | 上海××商贸有限公司 |
| | 账　号 | 580125554658968321×× | | 账　号 | 62170012584300125×× |
| | 开户行 | 中国建设银行上海浦东支行 | | 开户行 | 中国建设银行上海浦东大道支行 |
| 金　　额 | | (大写)人民币壹万贰仟叁佰陆拾元整 | | (小写)¥12360.00 | |
| 凭证种类 | | 电子转账凭证 | 凭证号码 | 1003519326×× | |
| 结算方式 | | 转账 | 用　　途 | 货款 | |
| | | | 打印柜员：340486808000<br>打印机构：中国建设银行上海浦东大道支行<br>打印卡号：6217001258430012586 | | |

（借方回单）

本回单可通过网点自助设备或中国建设银行网站校验码验真伪

打印时间：2022-12-19　13:04:28　　交易柜员：　　交易机构：340486800

图8-35　业务13所涉银行回单

**付款申请单**

年　　月　　日

| | | | |
|---|---|---|---|
| 往来单位 | | | 付款原因：<br><br>付款方式： |
| 账　　号 | | | |
| 开 户 行 | | | |
| 金　　额 | | | |
| 申 请 人 | | ¥ | |
| 审批 | | 财务 | |

图8-36　业务14所涉付款申请单

上海增值税普通发票 №72435139

1100154350

机器编码:
3222143156

发票联

1100154350
72435139

开票日期: 2022年12月20日

| | | | |
|---|---|---|---|
| 购买方 | 名　　称: 上海××商贸有限公司<br>纳税人识别号: 9158012555A96L21××<br>地 址、电 话: 上海市浦东新区宣春路128号021-576596××<br>开户行及账号: 中国建设银行上海浦东大道支行 62170012584300125×× | 密码区 | 33*<9759/>985>/3<622953<-4>*29766432132265<br>0532+-181182//-44*1<001-3000042*1>5++6>>169<br>01-3000042*1>5++6>>1633*<9759/>985>/3<6229<br>9>/3<622953<-4>*2976+-181182//-44*1<001-3432 |

| 货物或应税劳务、服务名称 | 规格型号 | 单位 | 数量 | 单价 | 金额 | 税率 | 税额 |
|---|---|---|---|---|---|---|---|
| *电子计算机*电脑 | | 台 | 10 | 2500.00 | 25000.00 | 13% | 3250.00 |
| 合　　计 | | | | | ¥25000.00 | | ¥3250.00 |
| 价税合计(大写) | ⊗贰万捌仟贰佰伍拾元整 | | | | (小写)¥28250.00 | | |

| | | | |
|---|---|---|---|
| 销售方 | 名　　称: 上海××电子有限公司<br>纳税人识别号: 913402L652105577××<br>地 址、电 话: 上海市浦东新区金桥出口加工区金海路550号<br>开户行及账号: 中国建设银行上海浦东支行3782661677×× | 备注 | 上海××电子有限公司<br>913402L652105577××<br>发票专用章 |

收款人: 范晨晨　　复核: 孙依依　　开票人: 王大凯　　销售方: (章)

税总函[2018]340号浙江莱织印刷股份有限公司

第二联: 发票联 购货方记账凭证

图8-37　业务14所涉增值税普通发票

中国建设银行 China Construction Bank

中国建设银行单位客户专用回单

101002854180304076112569

货币: 人民币　　2022年12月20日　　流水号: 3404868080NP4A2F0A

| | | | | | |
|---|---|---|---|---|---|
| 付款方 | 全　称 | 上海××商贸有限公司 | 收款方 | 全　称 | 上海××电子有限公司 |
| | 账　号 | 62170012584300125×× | | 账　号 | 3782661677×× |
| | 开户行 | 中国建设银行上海浦东大道支行 | | 开户行 | 中国建设银行上海浦东支行 |
| 金　额 | | (大写)人民币贰万捌仟贰佰伍拾元整 | | | (小写)¥28250.00 |
| 凭证种类 | | 电子转账凭证 | 凭证号码 | | 1003519326×× |
| 结算方式 | | 转账 | 用　途 | | 购货款 |
| | | | 打印柜员: 340486808000<br>打印机构: 中国建设银行上海浦东大道支行<br>打印卡号: 62170012584300125×× | | 中国建设银行 电子回单 专用章 |

打印时间: 2022-12-20　13:04:28　　交易柜员:　　交易机构: 340486800

(借方回单)

本回单可通过网点自助设备或中国建设银行网站校验码验真伪

图8-38　业务14所涉银行回单

# 入 库 单

N0.075906

供货单位：上海××电子有限公司　　2022 年 12月 20 日　　收货仓库：

| 材料类别 | 材料名称 | 计量单位 | 数量 | | 实际成本 | |
|---|---|---|---|---|---|---|
| | | | 应收 | 实收 | 单价 | 金额 |
| | 电脑 | 台 | 10 | 10 | | |
| | | | | | | |
| | | | | | | |
| | | | | | | |
| | | | | | | |

检验：　　记账：　　制单：王东

图8-39　业务14所涉入库单

# 中国建设银行 进账单（回　单）　1

年　月　日

| 收款单位 | 全　称 | | 付款单位 | 全　称 | |
|---|---|---|---|---|---|
| | 账　号 | | | 账　号 | |
| | 开户银行 | | | 开户银行 | |

| 金额 | 人民币（大写） | 亿 | 千 | 百 | 十 | 万 | 千 | 百 | 十 | 元 | 角 | 分 |
|---|---|---|---|---|---|---|---|---|---|---|---|---|
| | | | | | | | | | | | | |

| 票据种类 | | 张数 | | |
|---|---|---|---|---|
| 票据号码 | | | | |
| 复核：　记账： | | | | 开户银行签章 |

此联是开户银行交给持票人的回单

图8-40　业务15所涉进账单

中国建设银行 China Construction Bank　转账支票　10301256　00561269

出票日期（大写）　贰零贰贰 年　壹拾贰 月　贰拾壹 日　付款行名称：中国建设银行上海静安区支行

收款人：上海××商贸有限公司　出票人账号：6210000100001395 28××

付款期限自出票之日起十天

| 人民币（大写） | 伍万元整 | 亿 | 千 | 百 | 十 | 万 | 千 | 百 | 十 | 元 | 角 | 分 |
|---|---|---|---|---|---|---|---|---|---|---|---|---|
| | | | | | ¥ | 5 | 0 | 0 | 0 | 0 | 0 | 0 |

用途 货款　　密码 0145 1569 4875 1214

上列款项请从　　行号 105453088055

我账户内支付

出票人签章　（印章：上海××商贸有限公司 财务专用章）（印章：李晨景印）　复核　记账

图8-41　业务15所涉转账支票

# 收　　据　　№ 0001269

年　月　日

交款单位 ________ 收款方式 ________

人民币（大写）________ ¥ ________

收款事由 ________

三 记账联

单位盖章　财务主管　记账　出纳　经办

图8-42　业务16所涉收据

**银行承兑汇票**　　2　$\frac{CA}{02}$　N0.1000101

出票日期　贰零贰贰 年 壹拾贰月 贰拾贰 日
（大写）

第　　号

| | | | | |
|---|---|---|---|---|
| 出票人全称 | 北京××商贸有限公司 | 收款人 | 全　称 | 上海××商贸有限公司 |
| 出票人账号 | 110501440901001256×× | | 账　号 | 62170012584300125×× |
| 付款行全称 | 招商银行北京海淀区分行 | | 开户银行 | 中国建设银行上海浦东大道支行 |
| 汇票金额 | 人民币（大写）贰拾万元整 | | | 千 百 十 万 千 百 十 元 角 分<br>¥ 2 0 0 0 0 0 0 0 |
| 汇票到期日（大写） | 贰零贰叁年零陆月贰拾壹日 | 付款行 | 行号 | 1802 |
| 承兑协议编号 | 2569874563258106 | | 地址 | 北京市海淀区六里桥 |

| | | |
|---|---|---|
| 本汇票请你行承兑，到期无条件付款<br>北京××商贸有限公司 财务专用章<br>李阳印<br>出票人签章 | 本汇票已经承兑，到期日由本行付款<br>招商银行北京海淀区分行 汇票专用章 67400<br>承兑日期　年　月　日<br>备注： | 复核　　记账 |

图8-43　业务16所涉银行承兑汇票正面

| 被背书人： | 被背书人： | 被背书人： |
|---|---|---|
| 背书人签章<br>年　月　日 | 背书人签章<br>年　月　日 | 背书人签章<br>年　月　日 |

图8-44　业务17所涉银行承兑汇票反面

**银行承兑汇票**　2　CA 02　N0.1000101

出票日期（大写）贰零贰贰 年 壹拾贰月 贰拾贰 日

第　号

| | | | | |
|---|---|---|---|---|
| 出票人全称 | 北京××商贸有限公司 | 收款人 | 全称 | 上海××商贸有限公司 |
| 出票人账号 | 110501440901001256×× | | 账号 | 62170012584300125×× |
| 付款行全称 | 招商银行北京海淀区分行 | | 开户银行 | 中国建设银行上海浦东大道支行 |
| 汇票金额 | 人民币（大写）贰拾万元整 | | 千百十万千百十元角分 | ¥ 2 0 0 0 0 0 0 0 |
| 汇票到期日（大写） | 贰零贰叁年零陆月贰拾壹日 | 付款行 | 行号 | 1802 |
| 承兑协议编号 | 2569874563258106 | | 地址 | 北京市海淀区六里桥 |

本汇票请你行承兑，到期无条件付款

（印章：北京××商贸有限公司 财务专用章）（印章：李阳印）

出票人签章

本汇票已经承兑，到期日由本行付款

（印章：招商银行北京海淀区分行 汇票专用章 67400）

承兑日期　年　月　日

备注：

复核　记账

图8-45　业务17所涉银行承兑汇票正面

**银行承兑汇票**　2　CA 02　N0.1000201

出票日期（大写）贰零贰贰 年 壹拾贰月 贰拾肆 日

第　号

| | | | | |
|---|---|---|---|---|
| 出票人全称 | 上海××商贸有限公司 | 收款人 | 全称 | 上海××科技有限公司 |
| 出票人账号 | 62170012584300125×× | | 账号 | 62170011254100121×× |
| 付款行全称 | 中国建设银行上海浦东大道支行 | | 开户银行 | 中国建设银行浦东大道支行 |
| 汇票金额 | 人民币（大写）贰拾陆万元整 | | 千百十万千百十元角分 | ¥ 2 6 0 0 0 0 0 0 |
| 汇票到期日（大写） | 贰零贰叁年零陆月贰拾肆日 | 付款行 | 行号 | 31050144090100001126 |
| 承兑协议编号 | 2569874563258965 | | 地址 | 上海市浦东大道65号 |

本汇票请你行承兑，到期无条件付款

（印章：上海××商贸有限公司 财务专用章）（印章：张磊印）

出票人签章

本汇票已经承兑，到期日由本行付款

（印章：中国建设银行浦东大道支行 汇票专用章 67400）

承兑日期　年　月　日

备注：

复核　记账

图8-46　业务18所涉银行承兑汇票

## 银行承兑协议

编号：2569874563258965

付款人全称：上海××商贸有限公司
开户银行：中国建设银行浦东大道支行
账 号：62170012584300125××
汇票号码：1000201
签发日期：2022年12月24日

收款人全称：上海××科技有限公司
开户银行：中国建设银行浦东大道支行
账 号：62170011254100121××
汇票金额（大写）：贰拾陆万元整
到期日期：2023年06月24日

以上汇票经承兑银行承兑，承兑申请人下称申请人）愿遵守《支付结算办法》的规定及下列条款：

1.申请人于汇票到期日期将应付票款足额交存承兑银行。

2.承兑手续费按票面金额千分之(0.5)计算，在银行承兑时一次付清。

3.承兑汇票如发生任何交易纠纷，均由收付双方自行处理。票款于到期前仍按第一条办理不误。

4.承兑汇票到期日，承兑银行凭票无条件支付票款。如到期日之前申请人不能足额交付票款时，承兑银行对不足支付部分的票款转作承兑申请人逾期贷款，并按照有关规定计收罚息。

5.承兑汇票款付清后，本协议始自动失效。

本协议第一、第二联分别由承兑银行偿贷部门和承兑申请人存执，协议副本由银行会计部门存查。

承兑银行（盖章）
订立承兑协议日期

承兑申请人（盖章）
年　月　日

图8-47　业务18所涉银行承兑协议

## 库存现金盘点表

盘点日期：　　年　月　日

| 清点现金 | | | 核对账目 | | |
|---|---|---|---|---|---|
| 货币面额 | 张数 | 金额 | 项目 | 金额 | 备注 |
| 100元 | | | 现金账面金额 | | |
| 50元 | | | 加：收入凭证未记账 | | |
| 20元 | | | 减：付出凭证未记账 | | |
| 10元 | | | 调整后现金账余额 | | |
| 5元 | | | 实点现金 | | |
| 1元 | | | 长款（+） | | |
| 5角 | | | 短款（-） | | |
| 1角 | | | | | |
| | | | | | |
| 实点 | 合计 | | | | |

出纳：　　盘点人：　　监盘人：

图8-48　业务19所涉库存现金盘点表

# 收　据　No 0001270

年　月　日

交款单位 ________________ 收款方式 ________________

人民币（大写）________________ ¥ ________________

收款事由 ________________

三 记账联

单位盖章　　财务主管　　记账　　出纳　　经办

图8-49　业务20所涉收据

# 账簿启用表

<table>
<tr><td colspan="2">单位名称</td><td colspan="3"></td><td rowspan="5"></td></tr>
<tr><td rowspan="4">本账簿</td><td>名称</td><td colspan="3"></td></tr>
<tr><td>册次</td><td colspan="3">第　　册</td></tr>
<tr><td>页数</td><td colspan="3">第　　号至第　　号 共计　　页</td></tr>
<tr><td>使用起讫日期</td><td>自至</td><td>公　元　　年　　月　　日</td><td>起止</td></tr>
</table>

<table>
<tr><td rowspan="2">单位负责人</td><td>姓名</td><td>盖章</td><td rowspan="2">会计主管</td><td>姓名</td><td>盖章</td><td rowspan="2">记账</td><td>姓名</td><td>盖章</td></tr>
<tr><td></td><td></td><td></td><td></td><td></td><td></td></tr>
</table>

<table>
<tr><td rowspan="6">交接记录</td><td colspan="2">经管人员</td><td colspan="4">接管</td><td colspan="4">交出</td></tr>
<tr><td>职别</td><td>姓名</td><td>年</td><td>月</td><td>日</td><td>盖章</td><td>年</td><td>月</td><td>日</td><td>盖章</td></tr>
<tr><td></td><td></td><td></td><td></td><td></td><td></td><td></td><td></td><td></td><td></td></tr>
<tr><td></td><td></td><td></td><td></td><td></td><td></td><td></td><td></td><td></td><td></td></tr>
<tr><td></td><td></td><td></td><td></td><td></td><td></td><td></td><td></td><td></td><td></td></tr>
<tr><td></td><td></td><td></td><td></td><td></td><td></td><td></td><td></td><td></td><td></td></tr>
<tr><td>备注</td><td colspan="10"></td></tr>
</table>

图8-50　业务21所涉账簿启用表

明细科目＿＿＿＿

| 年 | | 凭证 | | 摘要 | 借方 | | | | | | | | | | | 贷方 | | | | | | | | | | | 借或贷 | 余额 | | | | | | | | | | | 核对 |
|---|---|---|---|---|---|---|---|---|---|---|---|---|---|---|---|---|---|---|---|---|---|---|---|---|---|---|---|---|---|---|---|---|---|---|---|---|---|---|---|
| 月 | 日 | 种类 | 号数 | | 亿 | 千 | 百 | 十 | 万 | 千 | 百 | 十 | 元 | 角 | 分 | 亿 | 千 | 百 | 十 | 万 | 千 | 百 | 十 | 元 | 角 | 分 | | 亿 | 千 | 百 | 十 | 万 | 千 | 百 | 十 | 元 | 角 | 分 | |
| | | | | | | | | | | | | | | | | | | | | | | | | | | | | | | | | | | | | | | | |
| | | | | | | | | | | | | | | | | | | | | | | | | | | | | | | | | | | | | | | | |
| | | | | | | | | | | | | | | | | | | | | | | | | | | | | | | | | | | | | | | | |
| | | | | | | | | | | | | | | | | | | | | | | | | | | | | | | | | | | | | | | | |
| | | | | | | | | | | | | | | | | | | | | | | | | | | | | | | | | | | | | | | | |
| | | | | | | | | | | | | | | | | | | | | | | | | | | | | | | | | | | | | | | | |
| | | | | | | | | | | | | | | | | | | | | | | | | | | | | | | | | | | | | | | | |
| | | | | | | | | | | | | | | | | | | | | | | | | | | | | | | | | | | | | | | | |
| | | | | | | | | | | | | | | | | | | | | | | | | | | | | | | | | | | | | | | | |
| | | | | | | | | | | | | | | | | | | | | | | | | | | | | | | | | | | | | | | | |
| | | | | | | | | | | | | | | | | | | | | | | | | | | | | | | | | | | | | | | | |
| | | | | | | | | | | | | | | | | | | | | | | | | | | | | | | | | | | | | | | | |
| | | | | | | | | | | | | | | | | | | | | | | | | | | | | | | | | | | | | | | | |
| | | | | | | | | | | | | | | | | | | | | | | | | | | | | | | | | | | | | | | | |
| | | | | | | | | | | | | | | | | | | | | | | | | | | | | | | | | | | | | | | | |
| | | | | | | | | | | | | | | | | | | | | | | | | | | | | | | | | | | | | | | | |
| | | | | | | | | | | | | | | | | | | | | | | | | | | | | | | | | | | | | | | | |
| | | | | | | | | | | | | | | | | | | | | | | | | | | | | | | | | | | | | | | | |
| | | | | | | | | | | | | | | | | | | | | | | | | | | | | | | | | | | | | | | | |
| | | | | | | | | | | | | | | | | | | | | | | | | | | | | | | | | | | | | | | | |

图8-51　业务21所涉三栏式账页

| 2022年 月 | 日 | 凭证 种类 | 号数 | 摘要 | 借方金额 | 贷方金额 | 借或贷 | 余额 |
|---|---|---|---|---|---|---|---|---|
| 12 | 01 | | | 期初余额 | | | 借 | 130000 |
| 12 | 02 | 记 | 02 | 报销办公用品 | | 16000 | 借 | 114000 |
| 12 | 05 | 记 | 05 | 提取备用金 | 200000 | | 借 | 314000 |
| 12 | 15 | 记 | 10 | 张大华归还借支款 | 40000 | | 借 | 354000 |
| 12 | 15 | 记 | 11 | 存现 | | 40000 | 借 | 314000 |
| 12 | 31 | 记 | 19 | 现金短缺 | | 30000 | 借 | 284000 |
| 12 | 30 | 记 | 20 | 出纳赔偿 | 20000 | | 借 | 304000 |
| 12 | 31 | 记 | | 本期合计 | 260000 | 86000 | 借 | 304000 |
| | | | | | | | | |
| | | | | | | | | |

图8–52　业务22所涉现金日记账

# 账簿启用表

| | | | |
|---|---|---|---|
| 单位名称 | | | |
| 本账簿 | 名称 | | |
| | 册次 | 第　　册 | |
| | 页数 | 第　　号至第　　号 共计　　页 | |
| | 使用起讫日期 | 自至 | 公元　年　月　日　起止 |

| 单位负责人 | 姓名 | 盖章 | 会计主管 | 姓名 | 盖章 | 记账 | 姓名 | 盖章 |
|---|---|---|---|---|---|---|---|---|
| | | | | | | | | |

| 交接记录 | 经管人员 | | 接管 | | | | 交出 | | | |
|---|---|---|---|---|---|---|---|---|---|---|
| | 职别 | 姓名 | 年 | 月 | 日 | 盖章 | 年 | 月 | 日 | 盖章 |
| | | | | | | | | | | |
| | | | | | | | | | | |
| | | | | | | | | | | |
| | | | | | | | | | | |

| 备注 | |
|---|---|
| | |

**图8-53　业务23所涉账簿启用表**

明细科目________

| 年 | | 凭证 | | 摘要 | 借方 | | | | | | | | | | | 贷方 | | | | | | | | | | | 借或贷 | 余额 | | | | | | | | | | | 核对 |
|---|---|---|---|---|---|---|---|---|---|---|---|---|---|---|---|---|---|---|---|---|---|---|---|---|---|---|---|---|---|---|---|---|---|---|---|---|---|---|---|
| 月 | 日 | 种类 | 号数 | | 亿 | 千 | 百 | 十 | 万 | 千 | 百 | 十 | 元 | 角 | 分 | 亿 | 千 | 百 | 十 | 万 | 千 | 百 | 十 | 元 | 角 | 分 | | 亿 | 千 | 百 | 十 | 万 | 千 | 百 | 十 | 元 | 角 | 分 | |
| | | | | | | | | | | | | | | | | | | | | | | | | | | | | | | | | | | | | | | | |
| | | | | | | | | | | | | | | | | | | | | | | | | | | | | | | | | | | | | | | | |
| | | | | | | | | | | | | | | | | | | | | | | | | | | | | | | | | | | | | | | | |
| | | | | | | | | | | | | | | | | | | | | | | | | | | | | | | | | | | | | | | | |
| | | | | | | | | | | | | | | | | | | | | | | | | | | | | | | | | | | | | | | | |
| | | | | | | | | | | | | | | | | | | | | | | | | | | | | | | | | | | | | | | | |
| | | | | | | | | | | | | | | | | | | | | | | | | | | | | | | | | | | | | | | | |
| | | | | | | | | | | | | | | | | | | | | | | | | | | | | | | | | | | | | | | | |
| | | | | | | | | | | | | | | | | | | | | | | | | | | | | | | | | | | | | | | | |
| | | | | | | | | | | | | | | | | | | | | | | | | | | | | | | | | | | | | | | | |
| | | | | | | | | | | | | | | | | | | | | | | | | | | | | | | | | | | | | | | | |
| | | | | | | | | | | | | | | | | | | | | | | | | | | | | | | | | | | | | | | | |
| | | | | | | | | | | | | | | | | | | | | | | | | | | | | | | | | | | | | | | | |
| | | | | | | | | | | | | | | | | | | | | | | | | | | | | | | | | | | | | | | | |
| | | | | | | | | | | | | | | | | | | | | | | | | | | | | | | | | | | | | | | | |
| | | | | | | | | | | | | | | | | | | | | | | | | | | | | | | | | | | | | | | | |
| | | | | | | | | | | | | | | | | | | | | | | | | | | | | | | | | | | | | | | | |
| | | | | | | | | | | | | | | | | | | | | | | | | | | | | | | | | | | | | | | | |
| | | | | | | | | | | | | | | | | | | | | | | | | | | | | | | | | | | | | | | | |
| | | | | | | | | | | | | | | | | | | | | | | | | | | | | | | | | | | | | | | | |

图8-54　业务23所涉三栏式账页1

# 账簿启用表

<table>
<tr><td colspan="2">单位名称</td><td colspan="3"></td><td rowspan="5"></td></tr>
<tr><td rowspan="4">本账簿</td><td>名称</td><td colspan="3"></td></tr>
<tr><td>册次</td><td colspan="3">第　　　册</td></tr>
<tr><td>页数</td><td colspan="3">第　　　号至第　　　号 共计　　　页</td></tr>
<tr><td>使用起讫日期</td><td>自至</td><td>公元　　年　　月　　日</td><td>起止</td></tr>
</table>

<table>
<tr><td rowspan="2">单位负责人</td><td>姓名</td><td>盖章</td><td rowspan="2">会计主管</td><td>姓名</td><td>盖章</td><td rowspan="2">记账</td><td>姓名</td><td>盖章</td></tr>
<tr><td></td><td></td><td></td><td></td><td></td><td></td></tr>
</table>

<table>
<tr><td rowspan="6">交接记录</td><td colspan="2">经管人员</td><td colspan="4">接管</td><td colspan="4">交出</td></tr>
<tr><td>职别</td><td>姓名</td><td>年</td><td>月</td><td>日</td><td>盖章</td><td>年</td><td>月</td><td>日</td><td>盖章</td></tr>
<tr><td></td><td></td><td></td><td></td><td></td><td></td><td></td><td></td><td></td><td></td></tr>
<tr><td></td><td></td><td></td><td></td><td></td><td></td><td></td><td></td><td></td><td></td></tr>
<tr><td></td><td></td><td></td><td></td><td></td><td></td><td></td><td></td><td></td><td></td></tr>
<tr><td></td><td></td><td></td><td></td><td></td><td></td><td></td><td></td><td></td><td></td></tr>
<tr><td>备注</td><td colspan="10"></td></tr>
</table>

图8-55　业务23所涉账簿启用表

明细科目________

| 年 | | 凭证 | | 摘要 | 借方 | | | | | | | | | | | 贷方 | | | | | | | | | | | 借或贷 | 余额 | | | | | | | | | | | 核对 |
|---|---|---|---|---|---|---|---|---|---|---|---|---|---|---|---|---|---|---|---|---|---|---|---|---|---|---|---|---|---|---|---|---|---|---|---|---|---|---|---|
| 月 | 日 | 种类 | 号数 | | 亿 | 千 | 百 | 十 | 万 | 千 | 百 | 十 | 元 | 角 | 分 | 亿 | 千 | 百 | 十 | 万 | 千 | 百 | 十 | 元 | 角 | 分 | | 亿 | 千 | 百 | 十 | 万 | 千 | 百 | 十 | 元 | 角 | 分 | |
| | | | | | | | | | | | | | | | | | | | | | | | | | | | | | | | | | | | | | | | |
| | | | | | | | | | | | | | | | | | | | | | | | | | | | | | | | | | | | | | | | |
| | | | | | | | | | | | | | | | | | | | | | | | | | | | | | | | | | | | | | | | |
| | | | | | | | | | | | | | | | | | | | | | | | | | | | | | | | | | | | | | | | |
| | | | | | | | | | | | | | | | | | | | | | | | | | | | | | | | | | | | | | | | |
| | | | | | | | | | | | | | | | | | | | | | | | | | | | | | | | | | | | | | | | |
| | | | | | | | | | | | | | | | | | | | | | | | | | | | | | | | | | | | | | | | |
| | | | | | | | | | | | | | | | | | | | | | | | | | | | | | | | | | | | | | | | |
| | | | | | | | | | | | | | | | | | | | | | | | | | | | | | | | | | | | | | | | |
| | | | | | | | | | | | | | | | | | | | | | | | | | | | | | | | | | | | | | | | |
| | | | | | | | | | | | | | | | | | | | | | | | | | | | | | | | | | | | | | | | |
| | | | | | | | | | | | | | | | | | | | | | | | | | | | | | | | | | | | | | | | |
| | | | | | | | | | | | | | | | | | | | | | | | | | | | | | | | | | | | | | | | |
| | | | | | | | | | | | | | | | | | | | | | | | | | | | | | | | | | | | | | | | |
| | | | | | | | | | | | | | | | | | | | | | | | | | | | | | | | | | | | | | | | |
| | | | | | | | | | | | | | | | | | | | | | | | | | | | | | | | | | | | | | | | |
| | | | | | | | | | | | | | | | | | | | | | | | | | | | | | | | | | | | | | | | |
| | | | | | | | | | | | | | | | | | | | | | | | | | | | | | | | | | | | | | | | |
| | | | | | | | | | | | | | | | | | | | | | | | | | | | | | | | | | | | | | | | |
| | | | | | | | | | | | | | | | | | | | | | | | | | | | | | | | | | | | | | | | |

图8-56　业务23所涉三栏式账页2

**银行存款余额调节表**

| 项目 | 金额 | 项目 | 金额 |
|---|---|---|---|
| 银行存款日记账金额 | | 银行对账单金额 | |
| 加:银行已收，企业未收款 | | 加:企业已收，银行未收款 | |
| 减:银行已付，企业未付款 | | 减:企业已付，银行未付款 | |
| 调节后余额 | | 调节后余额 | |

图8–57　业务24所涉银行余额调节表